Schauen und Wissen!

AF723703

Karolin Küntzel

Die Ameise

Kopiervorlagen für die 2. bis 4. Klasse

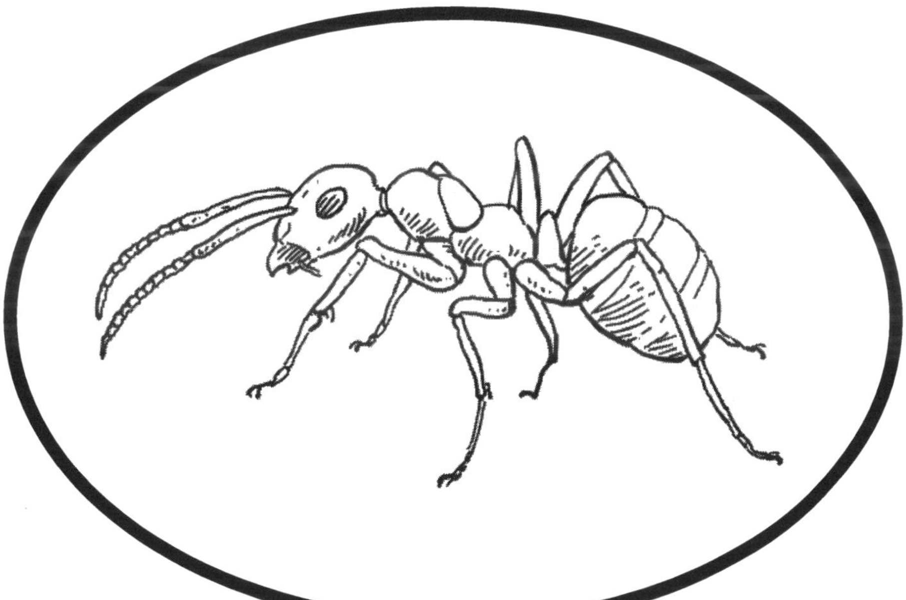

Hase und Igel®

Inhalt

www.hase-und-igel.de
Lektorat: Verena Sangu, Luzie Bischoff
Satz: Appel Grafik München GmbH
Illustrationen: Hendrik Kranenberg,
Christine Faltermayr (Vignette, S. 4, 5, 14, 15, 27, 44 und 47)
und Wolfgang Slawski (S. 18 und 45)
Coverfoto: © blickwinkel – M. Lenke

ISBN 978-3-86316-357-0

Ameisen sind faszinierende Tiere. Sie leben zu Millionen auf engstem Raum. Ihre Hügel sind Kunstwerke aus Nadeln, Erde und Laub – und meist sehen wir nur einen Teil davon, denn die Bauten mit ihren zahlreichen Gängen und Kammern reichen tief in die Erde. Die kleinen Insekten sind sehr soziale Lebewesen und ausgesprochen fleißig. Sie können Lasten bewegen, die bis zu hundertmal schwerer sind als sie selbst. Damit der Ameisenstaat funktioniert, kommunizieren die Insekten über Düfte und Berührungen. Jede einzelne Ameise kennt ihre Rolle im Gefüge: Während die Arbeiterinnen sich um den Nachwuchs kümmern, Futter herbeischaffen und den Bau in Schuss halten, hat die Königin die verantwortungsvolle Aufgabe, stetig Eier zu legen.

Bei den meisten Menschen sind die kleinen Tiere allerdings eher unbeliebt. Im Garten werden sie oft bekämpft. Und auch beim Ausbau von Straßen oder von Siedlungen wird wenig Rücksicht auf den Lebensraum der Ameisen genommen. Dabei sind die Insekten enorm nützlich und tragen wesentlich zu einem gesunden Ökosystem bei, insbesondere im Wald.

Ameisen kommen fast überall vor und lassen sich gut beobachten. Deshalb eignet sich die Beschäftigung mit ihnen für einen erfahrungsorientierten Unterricht. Denn obwohl Ameisen sicher jedem schon über den Weg gelaufen sind, lohnt es sich, die unscheinbaren Tiere genauer unter die Lupe zu nehmen.

Die in zwei Schwierigkeitsstufen vorliegenden Kopiervorlagen dieses Bandes sind in **drei Abschnitte** gegliedert:

- Das erste Blatt (Seite 4/5) dient dazu, das Insekt kurz vorzustellen und das **Interesse** der Kinder an dem Lerngegenstand „Ameise“ zu wecken.
- Anschließend geht es vornehmlich um die Erarbeitung und/oder Vertiefung von **Sachwissen**. Auf Seite 34/35 findet sich ein Quiz, in dem ergänzende Informationen spielerisch vermittelt werden. Die Themen der Kopiervorlagen sind eng an das Sachbuch „Die Ameise“ von Veronika Straaß angebunden. Es liefert kindgerecht aufbereitete Informationen rund um dieses kleine Tier, die mit zahlreichen farbigen Fotos illustriert werden. Darüber hinaus bietet der Band praktische Anregungen zum Forschen und Entdecken. Die Lektüre des Buches ist keine notwendige Voraussetzung zur Bearbeitung der Arbeitsblätter, doch kann es als anschauliche Ergänzung zum vorliegenden Material dienen und zur Recherche herangezogen werden.

- Abgerundet wird dieses Unterrichtsmaterial durch **praktische Aufträge** zum Thema „Ameise“, die sich eigenständig oder in Kombination mit den Arbeitsblättern aus den vorherigen Abschnitten bearbeiten lassen, sowie **sprachliche Anregungen** in Form einer Fabel und eines Gedichts.

Die Aufgaben sind so gestaltet, dass die Kinder sie weitgehend selbstständig in Einzelarbeit, mit einem Partner oder in der Gruppe bearbeiten können. Dabei werden verschiedene Lernkanäle (visuell, kognitiv etc.) berücksichtigt. Es ist auch möglich, einen Teil der Kopiervorlagen zu einer Lerntheke oder zum Stationenlernen zusammenzustellen.

Durch die **Zweifachdifferenzierung** des Materials kann eine passgenaue Abstimmung auf das Alters- und Leistungsniveau der Kinder erfolgen. Ein binnendifferenziertes Arbeiten zum gleichen Thema ist so auch in heterogenen Lerngruppen leicht umsetzbar, denn jedes Kind eignet sich auf individuellem Niveau die Lerninhalte entsprechend seinem Vorwissen an. Für welche Niveaustufe die betreffende Seite konzipiert ist, lässt sich auf einen Blick erkennen:

Niveaustufe I: Niveaustufe II:

Die **Lösungskarten** am Ende des Bandes ermöglichen eine Selbstkontrolle der Schülerinnen und Schüler und können von Ihnen am Kopierer vergrößert und ausgeschnitten werden. Finden die Arbeitsblätter beim Stationenlernen Verwendung, lassen sich die Karten in einem verschlossenen Umschlag zur jeweiligen Station legen oder können nach Bearbeitung der Aufgaben direkt bei Ihnen abgeholt werden.

Ich wünsche Ihnen und Ihren Schülerinnen und Schülern viel Freude und Erfolg bei der intensiven Beschäftigung mit einem beeindruckenden Insekt.

Karolin Küntzel

Name:	Klasse:	Datum:

Die Ameise – ein Insekt

1. Lies den Text.

Ameisen gehören zu der Gruppe der Insekten. Diese haben alle den gleichen Körperbau. Sie besitzen sechs Beine und ihr Körper ist in drei Teile gegliedert: Kopf, Brust und Hinterleib. Am Kopf der Ameise befinden sich lange Fühler und die gefährlich aussehenden Fresszangen. Mit ihnen kann die Ameise Nahrung zerkleinern, aber auch Feinde abwehren. Die großen Facettenaugen sitzen seitlich am Kopf. Vom Brustteil gehen die Beine ab. An deren Enden hat die Ameise kleine Klauen, mit denen sie gut auf unebenem Boden laufen kann.

2. Wie heißen die Körperteile der Ameise? Trage den Buchstaben, der vor dem Begriff steht, in das passende Kästchen auf der Zeichnung ein. Streiche falsche Wörter durch.

A Klaue	D Facettenauge	G Fühler	J Schwanz
B Kopf	E Panzer	H Fresszange	K Bein
C Hinterleib	F Brust	I Nase	L Finger

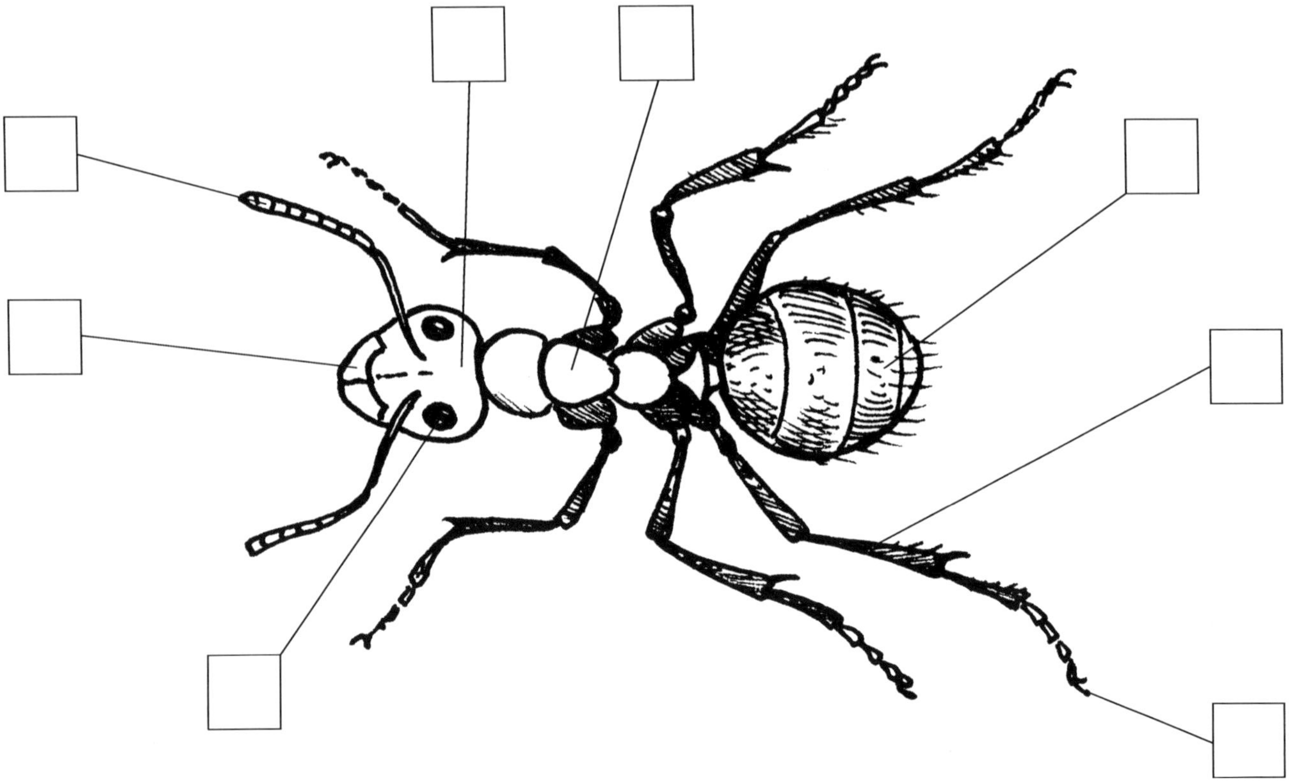

Name:	Klasse:	Datum:

Die Ameise – ein Insekt

1. Lies den Text.

Ameisen gehören zu den Insekten. Diese haben alle ein ähnliches Aussehen. Ihr Körper ist in drei Abschnitte unterteilt: Kopf, Brust und Hinterleib. Wie alle Insekten besitzen Ameisen sechs Beine. Sie gehen vom Brustteil ab. Am Ende jedes Beins befinden sich zwei kleine Klauen. Damit können sich Ameisen besonders gut auf rauem Boden fortbewegen. Am Kopf haben sie lange Fühler, die auch Antennen genannt werden. Seitlich sitzen die großen Facettenaugen. Sie bestehen aus vielen kleinen Einzelaugen. Mit ihren Fresszangen zerkleinern die Tiere Nahrung, transportieren Baumaterial oder wehren Feinde ab. Am Ende des Hinterleibs haben die meisten Ameisen außerdem eine Giftdrüse, aus der sie das Gift auf ihre Angreifer spritzen können.

2. Wo befindet sich welches Körperteil? Schreibe die Bezeichnung in der Einzahl unten auf die Linie neben den richtigen Buchstaben.

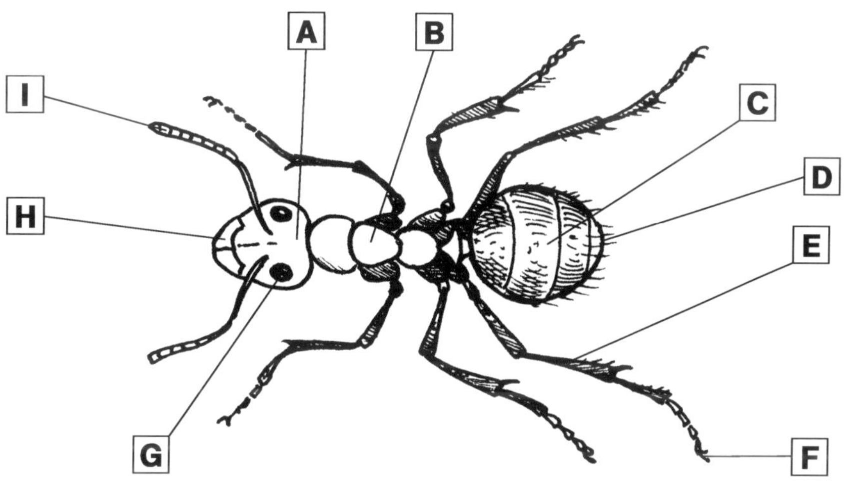

A ____________________

B ____________________

C ____________________

D ____________________

E ____________________

F ____________________

G ____________________

H ____________________

I ____________________

3. Welche anderen Insekten kennst du? Schreibe drei Beispiele auf.

____

Name:	Klasse:	Datum:

Die Königin und ihr Staat

Ein Ameisenvolk besteht aus Millionen von Ameisen. Zu einem Volk gehören eine Königin, viele Arbeiterinnen und männliche Ameisen. Jede Ameise hat ihre Besonderheiten und ganz eigene Aufgaben im Staat.

1. Lies die Sätze. Welche Aussagen passen zu welcher Ameise? Umrande das Bild und die zugehörigen Textkarten immer in einer Farbe.

Arbeiterin

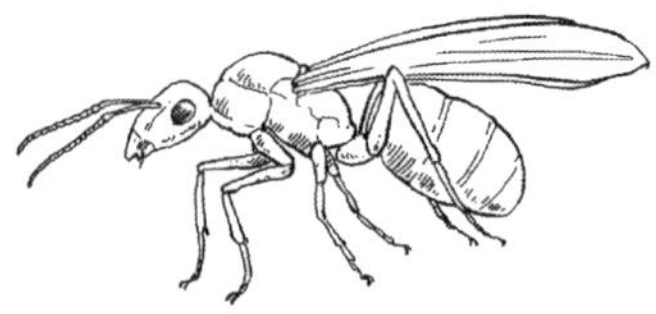

männliche Ameise

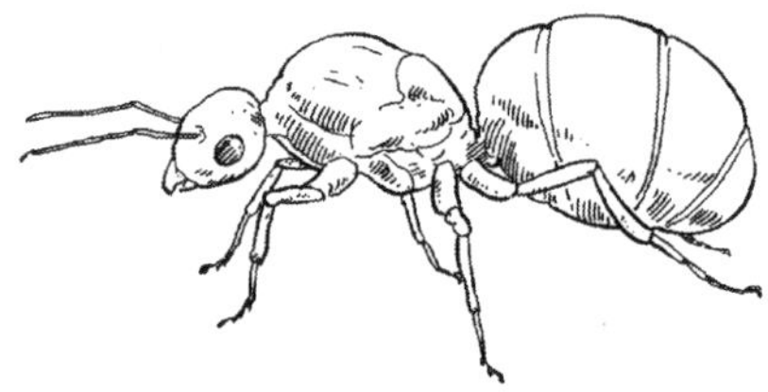

Königin

Die Arbeiterin ist kleiner als die Königin.

Die Arbeiterin geht auf Futtersuche.

Die Königin verlässt das Nest nach der Paarung nicht mehr.

Die männliche Ameise fliegt im Frühjahr.

Die Königin legt Eier.

Eine Königin kann über zwanzig Jahre alt werden.

Die Arbeiterin baut das Nest.

Die Königin ist größer als die anderen Ameisen.

Die Arbeiterin kümmert sich um den Nachwuchs und bedient die Königin.

Die männliche Ameise hat Flügel.

Eine Arbeiterin lebt zwei bis drei Jahre.

Das Männchen paart sich mit einer jungen Königin und stirbt dann.

2. Wer erledigt die meisten Aufgaben im Ameisenstaat? Beantworte die Frage in einem ganzen Satz.

Name:	Klasse:	Datum:

Die Königin und ihr Staat

1. Lies den Text.

In einem Ameisenstaat leben viele Millionen Ameisen. Jede von ihnen hat eine ganz bestimmte Aufgabe. Die Arbeiterinnen bauen das Nest. Sie sind auch dafür zuständig, Beute zu jagen und in den Bau zu tragen. Sie räumen dort auf und bringen die Abfälle hinaus, damit die Gänge und Kammern begehbar bleiben. Außerdem kümmern sich die Arbeiterinnen um den Nachwuchs und bedienen die Königin. Die ist leicht von den Arbeiterinnen zu unterscheiden, denn sie ist viel größer als diese. Allerdings wirst du sie kaum zu Gesicht bekommen, weil sie das Nest nie verlässt. Ihre Aufgabe ist es, Eier zu legen, und zwar ihr Leben lang. Das ist ganz schön anstrengend. Die männlichen Ameisen haben Flügel. Sie fliegen im Sommer aus, um sich mit den neugeborenen Jungköniginnen zu paaren. Danach sterben sie.

2. Welche Aufgaben haben die männlichen Ameisen, die Arbeiterinnen und die Königin? Schreibe die im Text genannten Tätigkeiten neben das passende Bild.

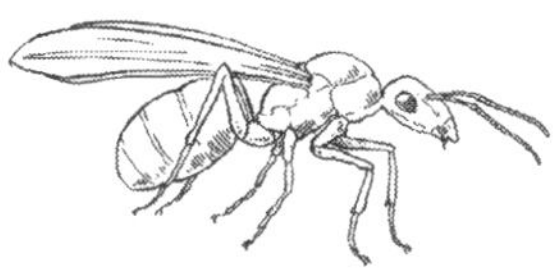

Aufgabe der männlichen Ameise:

____

Aufgaben der Arbeiterin:

____

____

____

____

____

____

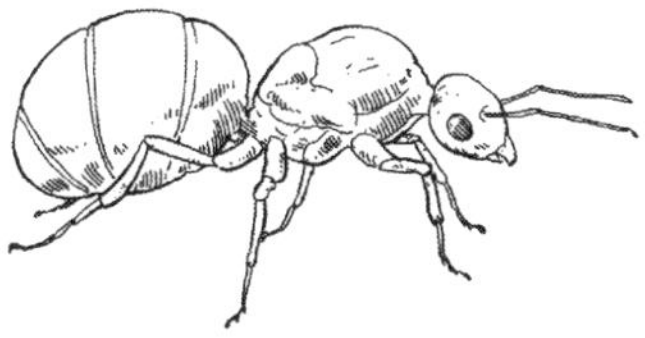

Aufgabe der Königin:

____

3. Welche Tätigkeiten übernimmst du im Haushalt? Notiere.

____

____

Name:	Klasse:	Datum:

Hochzeit in der Luft

1. Lies den Text.

Manche Ameisen haben Flügel, aber sie fliegen nur ein einziges Mal in ihrem Leben. Dann feiern sie Hochzeit. Im Sommer warten sie auf einen warmen und trockenen Tag, um zu starten. Das geht am besten von einem Grashalm, einem Stängel oder einem Erdhügel aus. Sie krabbeln hinauf, breiten ihre Flügel aus und fliegen in Scharen los. Manchmal sind die Insekten in der Luft als dunkle Wolken zu sehen. Ihr einziges Ziel ist es, sich im Flug zu paaren. Die fliegenden Weibchen sind junge Königinnen. Sie paaren sich mit mehreren Männchen und speichern deren Samen. So haben die Königinnen ihr ganzes Leben lang genug davon, um ihre Eier zu befruchten. Nach dem Hochzeitsflug sterben die Männchen. Sie haben ihre Aufgabe erfüllt. Die Jungköniginnen gründen eine neue Kolonie oder ziehen in eine bestehende ein. Ihre Flügel brauchen sie dort nicht mehr, sie fallen ab.

2. Immer drei Satzteile gehören zusammen. Verbinde richtig.

A Der Hochzeitsflug … •	• **S** … suchen sich die Ameisen … •	• **E** … im Sommer.
I Zum Starten … •	• **W** … paaren sich im Flug … •	• **E** … ihre Flügel.
N Die Männchen … •	• **K** … verlieren die Jungköniginnen … •	• **O** … mit den jungen Königinnen.
L Nach dem Hochzeitsflug … •	• **M** … beginnt an einem trockenen Tag … •	• **E** … einen erhöhten Ort.

3. Die fett gedruckten Buchstaben ergeben ein Lösungswort. Trage sie ein. Beginne mit dem ersten Satz. Dann folgt der nächste Satz und so weiter.

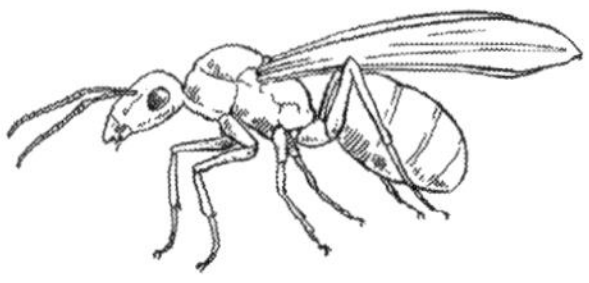

Name:	Klasse:	Datum:

Hochzeit in der Luft

1. Lies den Text.

Männliche Ameisen haben Flügel, aber sie fliegen nur ein einziges Mal in ihrem Leben. Diesen Flug nennt man Hochzeitsflug. Sie paaren sich dabei in der Luft mit jungen Königinnen. Als Erstes suchen sich die Tiere einen geeigneten Startplatz, zum Beispiel das Ende eines Grashalms oder einen Erdhügel. Von dieser erhöhten Position gelingt das Abheben leichter als dicht am Boden. Der Hochzeitsflug findet meistens an einem warmen, trockenen Sommertag statt. Alle Ameisen der Umgebung starten dann fast zeitgleich. Die vielen fliegenden Tiere sehen aus wie dunkle Wolken. Die Weibchen mit Flügeln sind die neugeborenen Königinnen. Jede Königin paart sich mit mehreren Männchen und speichert die dabei übergebenen Samen in ihrer Samentasche. So kann sie später ein Leben lang ihre Eier damit befruchten. Die Männchen sterben kurz nach dem Hochzeitsflug, denn sie haben ihre Aufgabe erfüllt. Die Jungköniginnen gründen einen neuen Ameisenstaat oder ziehen in eine bestehende Kolonie. Ihre Flügel brauchen sie unter der Erde nicht mehr. Wenn sie nicht von selbst abfallen, beißen die Königinnen sie kurzerhand ab.

2. Lies die Sätze. Kreuze die richtigen Aussagen an.

- W Im Sommer findet der Hochzeitsflug statt. ☐
- P Der Hochzeitsflug beginnt am Abend. ☐
- O Zum Start nutzen die Ameisen eine Erhöhung. ☐
- L Eine Jungkönigin paart sich immer mit mehreren Männchen. ☐
- F Sie sammelt die Samen in einer Vorratskammer im Bau. ☐
- K Kurz nach dem Flug sterben die Männchen. ☐
- A Die Königinnen ziehen wieder unter die Erde und leben dort allein. ☐
- E Ihre Flügel brauchen die Königinnen nach dem Flug nicht mehr. ☐

3. Die Buchstaben vor den richtigen Antworten ergeben von oben nach unten gelesen ein Lösungswort. Trage sie ein.

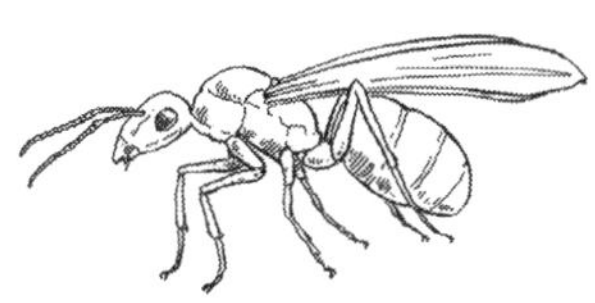

Name:	Klasse:	Datum:

Wie sich Ameisen entwickeln

1. Lies, was die Arbeiterinnen über den Nachwuchs berichten.

A Die Larve sieht aus wie eine winzige weiße Wurst. Sie muss von uns gefüttert werden – zuerst mit Pflanzensaft, später mit Brei aus zerkauter Nahrung. Wir kümmern uns auch darum, dass die Larve sauber bleibt und nicht austrocknet. Eine Larve häutet sich mehrmals und wirft die zu klein gewordene Körperhülle ab.

B Legt die Königin ein Ei, bringt eine von uns es sofort in eine Nestkammer, wo es warm und feucht ist. Manchmal lecken wir die Eier ab, damit sie nicht austrocknen. Nach etwa zwei Wochen schlüpft aus dem Ei eine Ameisenlarve.

C Im Kokon, so nennt man die weißliche Hülle der Puppe, entwickelt sich die Ameise. Dafür benötigt sie etwa zwei Wochen. Dann schlüpft sie. Auch dabei helfen wir ihr. Kurz darauf ist die Ameise bereit, mit ihrer Arbeit zu beginnen.

D Nach drei bis sechs Häutungen verpuppt sich die Larve. Dazu dreht sie sich mehrmals um sich selbst und wickelt einen klebrigen Spuckefaden um sich herum. Wenn sie vollständig eingewickelt ist, sieht sie aus wie ein längliches Wattestückchen.

2. Welcher Text passt zu welchem Bild? Trage den richtigen Buchstaben in dem Kästchen darüber ein.

☐	☐	☐	☐
 →	 →	 →	
Ei	Larve	Puppe	Ameise

Name:	Klasse:	Datum:

Wie sich Ameisen entwickeln

1. Lies den Text.

Ameisen machen mehrere Entwicklungsstufen durch. Ihr Leben beginnt als Ei. Dieses legt die Königin. Sofort ist eine Arbeiterin zur Stelle, die es ihr abnimmt und sich weiter darum kümmert. Das Ei wird in eine Nestkammer gebracht. Die warme Temperatur und die hohe Luftfeuchtigkeit dort sind günstig für seine Entwicklung. Manchmal lecken die Arbeiterinnen die Eier zusätzlich ab, damit sie nicht austrocknen. Nach ungefähr zwei Wochen schlüpft eine Ameisenlarve aus dem Ei. Sie sieht aus wie eine winzige weiße Wurst. Beine oder Augen haben die Larven noch nicht. Sie werden von den Arbeiterinnen umsorgt und gefüttert. Zuerst fressen sie Pflanzensaft, später Brei, der aus zerkauter Nahrung besteht. Die Arbeiterinnen kümmern sich auch darum, dass die Larven sauber bleiben. Larven häuten sich mehrmals und werfen dabei die zu klein gewordene Körperhülle ab. Haben sie ausreichend Nährstoffe aufgenommen, verpuppen sie sich. Dazu spinnt die Larve einen klebrigen Spuckefaden um sich herum, bis sie in einem watteähnlichen Überzug verschwunden ist. In diesem Kokon verwandelt sie sich innerhalb von ungefähr zwei Wochen in eine fertige Ameise mit Beinen, Fühlern, Augen und Fresszangen. Dann schlüpft sie und nimmt wenige Stunden später ihre Arbeit im Ameisenstaat auf.

2. Vervollständige die Sätze.

Die Arbeiterinnen bringen jedes Ei in eine ______________________.

Aus dem Ei schlüpft nach zwei Wochen eine ____________.

Haben die Larven genug gefressen, verwandeln sie sich in eine ____________.

Der Kokon besteht aus einem ______________________.

Darin entwickelt sich die Ameise und schlüpft nach ungefähr ____________ Wochen.

3. Zeichne ein Bild zu jedem Entwicklungsschritt der Ameise. Die Beschreibungen im Text helfen dir. Du kannst auch im Internet oder in Büchern nach Bildern suchen.

Ei	Larve	Puppe	Ameise

Name:	Klasse:	Datum:

Der Ameisenhaufen

1. Lies den Text.

Ameisenhaufen von Waldameisen sind kunstvolle Gebilde. Sie bestehen aus Nadeln, Laub, Rinde, Moos und Baumharz. Je schattiger der Standort des Haufens ist, desto höher wird er geschichtet. Er dient den Ameisen nämlich nicht nur als Schutz, sondern auch als Wärmespeicher. Fallen die Sonnenstrahlen auf das aufgeschichtete Ameisennest, wird es drinnen kuschelig warm. Das ist wichtig für die Entwicklung von Eiern, Larven und Puppen. Steigt die Temperatur zu sehr an, erweitern die Ameisen einige Gänge, die nach außen führen. So kommt kühlere Luft ins Nest. Ameisenhaufen reichen weit unter die Erde. Im Inneren befinden sich zahlreiche Kammern. In den Nestkammern wächst der Nachwuchs heran. Das Futter bewahren die Ameisen in Vorratskammern auf. Tief unten im Bau lebt die Königin und legt ihre Eier.

2. Hier siehst du, wie ein Ameisenbau aufgebaut ist. Beschrifte ihn. Die vorgegebenen Begriffe helfen dir.

Vorratskammer | Gänge | Nestkammer

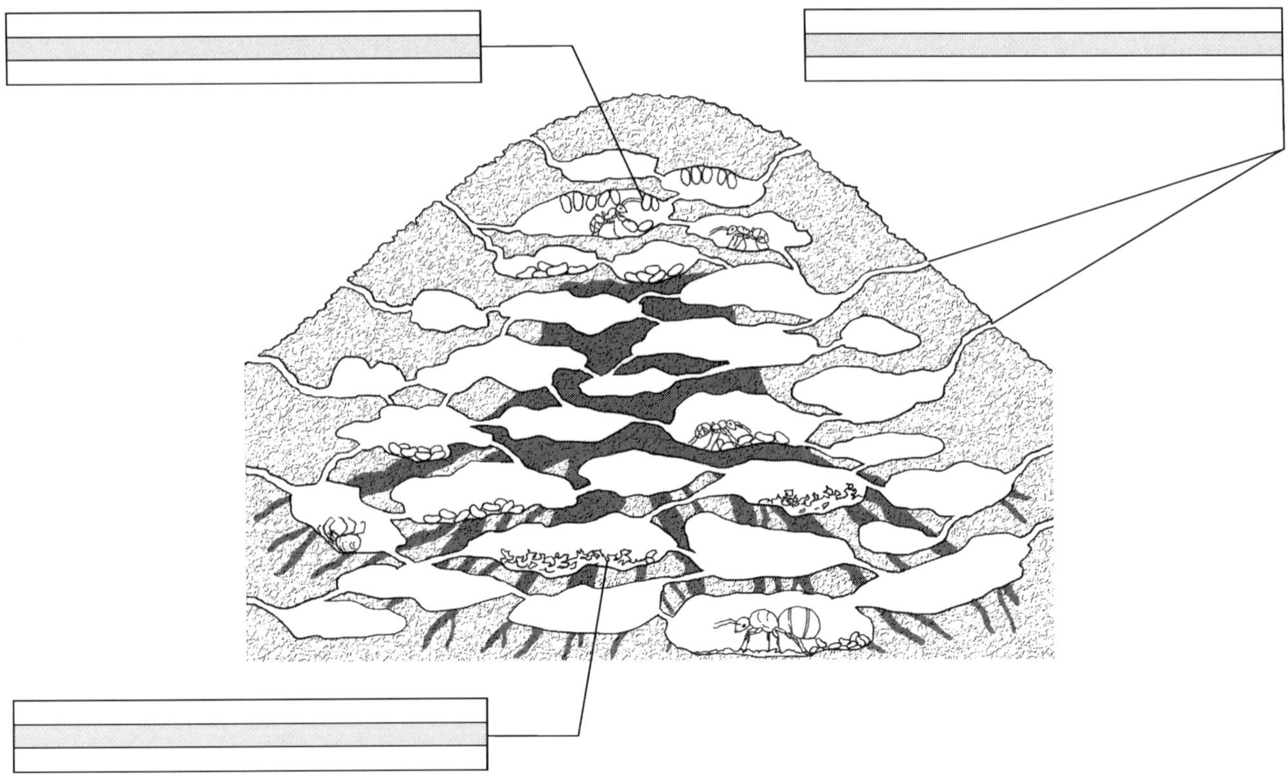

3. Suche die Königin auf der Abbildung und kreise sie ein.

Name:	Klasse:	Datum:

Der Ameisenhaufen

1. Lies den Text.

Waldameisen bauen hohe, kegelförmige Ameisenhaufen. Sie sehen unscheinbar aus, sind aber richtige Meisterwerke aus Nadeln, Laub, Rinde, Moos, Flechten und Baumharz. Häufig werden sie um eine **Baumwurzel** herum errichtet. An sehr schattigen Orten im Wald schichten die Ameisen den Haufen besonders hoch. So fängt er möglichst viele Sonnenstrahlen ein und erwärmt sich rasch. Nur bei kuscheliger Wärme können sich die Eier, Larven und Puppen gut entwickeln. Wird es im Nestinneren zu heiß, erweitern die Ameisen einige **Gänge**, die nach außen führen, und kühlere Luft kommt hinein. Ameisenhaufen reichen tief unter die Erde und enthalten zahlreiche Kammern. Einige dienen als **Vorratskammer**. Andere heißen **Nestkammer**. Hier wächst der Nachwuchs heran. Die **Königin** lebt in einer unterirdischen Kammer und legt dort ihre Eier.

2. Beschrifte den Ameisenbau. Nutze dazu die fett gedruckten Wörter im Text.

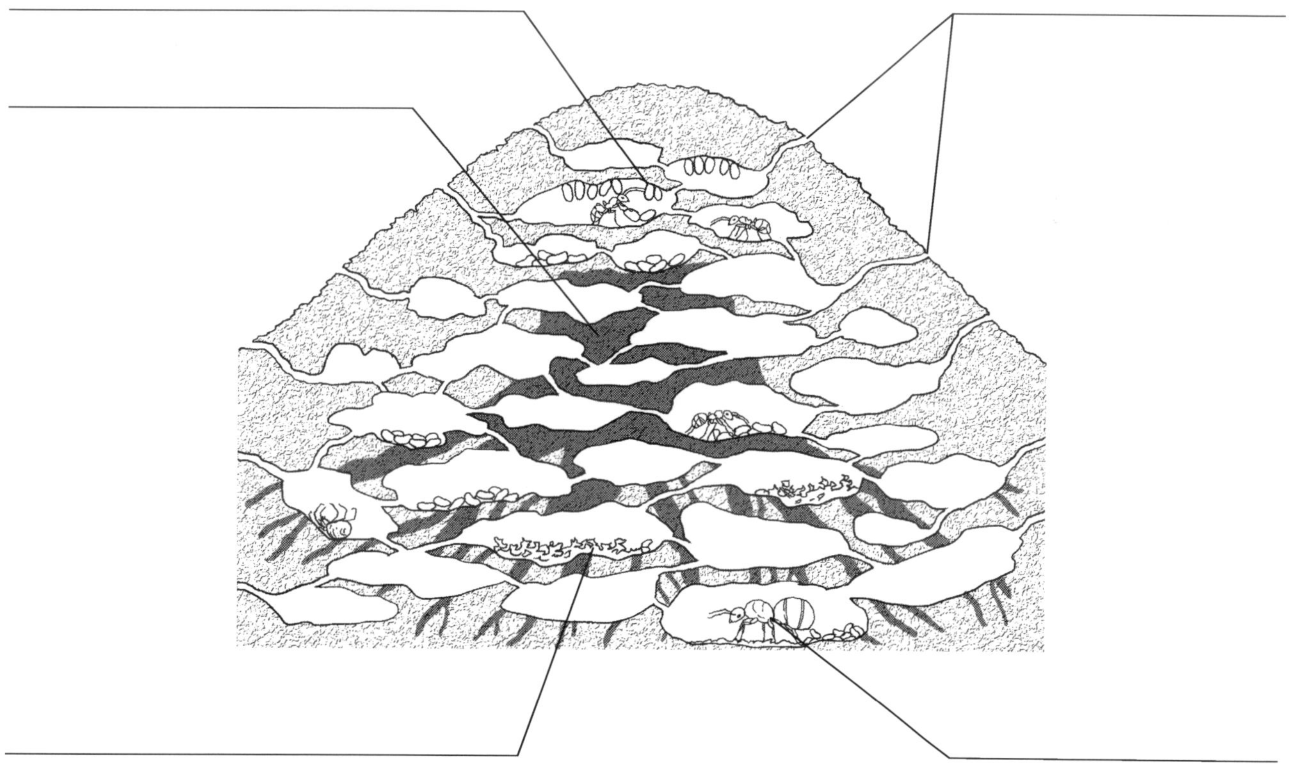

3. Hast du schon einmal einen Ameisenhaufen gesehen? Wo war das? Schreibe auf.

___

___

Name:	Klasse:	Datum:

Futter aller Art

1. Lies den Text.

Ameisen sind Allesfresser. Sie verspeisen Pflanzenteile wie  und Früchte, zum Beispiel . Außerdem jagen sie kleine Insekten. Sie schnappen sich einen  am Boden oder eine 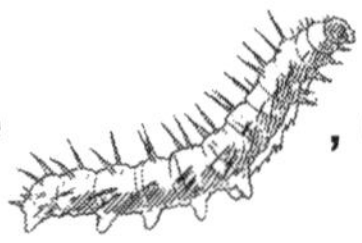, die an einem Stängel hochkriecht. Auch eine unvorsichtige , die sich außerhalb ihres Netzes befindet, ist nicht sicher. An fliegende Insekten wie einen  und eine  kommen Ameisen nicht so leicht heran. Da sie nicht wählerisch sind, schleppen sie aber auch tote Tiere in ihr Nest. Kleine Insekten kann eine Ameise allein tragen. Bei größeren Tieren wie einem 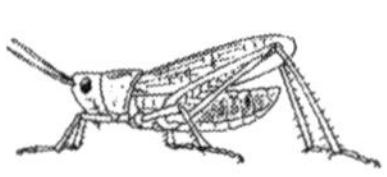 packen mehrere Arbeiterinnen gemeinsam an. Die Leibspeise der Ameisen ist Honigtau, den sie von Blattläusen bekommen.

2. Wie heißen die im Text abgebildeten Tiere und Pflanzen? Ergänze die Wörter.

Tipp: Es fehlen Selbstlaute und Umlaute.

K __ F __ R

R __ __ P __

BL __ TT __ R

GR __ SH __ PF __ R

B __ __ R __ N

SP __ NN __

SCHM __ TT __ RL __ NG

FL __ __ G __

Name: | Klasse: | Datum:

Futter aller Art

1. Im Buchstabengitter stecken neun Dinge, die Ameisen gern fressen. Kreise sie ein.

H	E	U	S	C	H	R	E	C	K	E	T	A	P
L	R	I	A	R	J	X	F	U	Y	D	R	N	H
R	A	M	W	R	N	F	L	O	E	E	S	Z	O
Ü	U	S	P	K	Ä	M	I	L	R	Q	P	Ä	N
S	P	B	L	Ä	T	T	E	R	U	H	I	M	I
T	E	I	I	F	Z	R	G	W	L	K	N	N	G
S	C	H	M	E	T	T	E	R	L	I	N	G	T
L	Ä	Ü	E	R	S	A	L	U	A	G	E	P	A
E	T	M	O	N	B	E	E	R	E	N	N	I	U

2. Trage die Wörter richtig in die Textlücken ein.

Ameisen sind Allesfresser. Zur pflanzlichen Nahrung gehören Samen, ______________ und ______________. Sie machen aber auch Jagd auf kleine Insekten. Allein oder zu mehreren überwältigen sie einen krabbelnden ______________, eine kriechende ______________ oder eine springende ______________________. Die Arbeiterinnen fangen unvorsichtige ______________ außerhalb ihres Netzes. Manchmal tragen und ziehen sie auch tote Tiere in ihren Hügel. Das kann ein bunter ______________________ oder eine dicke schwarze ______________ sein, die ihnen lebend davonfliegen würden. Feste Nahrung zerkauen Ameisen zu einem Brei. Mit ihm füttern sie die Larven und die Königin. Die Lieblingsspeise der Ameisen ist der ______________________. So nennt man den Zuckersaft, den Blattläuse ausscheiden. Den schlecken Ameisen sofort auf.

3. Wie bringen die Arbeiterinnen das Futter in den Hügel? Kreuze die richtigen Antworten an.

☐ Sie ziehen es hinein. ☐ Sie fliegen es hinein. ☐ Sie tragen es hinein.

Name:	Klasse:	Datum:

Blattläuse – Freunde der Ameise

1. Lies den Text.

Ameisen mögen Blattläuse. Sie sind schnell vor Ort, wenn die Tiere Pflanzensaft saugen. Der Pflanzensaft enthält reichlich Zucker – viel mehr, als die Blattläuse brauchen. Deshalb scheiden sie an ihrem Hinterteil den überschüssigen Zuckersaft wieder aus. Er wird Honigtau genannt. Die Ameisen sind so verrückt danach, dass sie die Blattläuse regelrecht bitten, ihnen einen Tropfen abzugeben. Dazu stupst die Ameise eine Laus mit ihren Fühlern am Hinterteil leicht an. Diese Berührung nennt man Betrillern. Die Laus reckt dann ihren Po in die Höhe und gibt einen Tropfen Honigtau ab. Möchte die Ameise anschließend noch mehr süßen Saft, sucht sie sich die nächste Blattlaus. Die Beziehung zwischen den beiden Tierarten ist so eng, dass die Ameisen ihre geliebten Läuse sogar vor Fressfeinden wie Marienkäfern und Florfliegenlarven schützen.

2. Schneide die Textstreifen unten auf der Seite aus. Ordne sie den Satzanfängen zu und klebe sie auf.

Ameisen schlecken am liebsten süßen Pflanzensaft, …	
Blattläuse saugen mehr Zuckersaft aus den Pflanzen, …	
Die Ameise betrillert die Blattlaus, …	
Ameisen mögen Honigtau so sehr, …	

✂

… dass sie die Blattläuse vor Fressfeinden schützen.	… als sie für sich benötigen.
… den die Blattläuse am Hinterteil ausscheiden.	… damit sie ihr einen Tropfen Honigtau abgibt.

Name:	Klasse:	Datum:

Blattläuse – Freunde der Ameise

1. Lies den Text.

Ameisen leben in enger Gemeinschaft mit Blattläusen. Sie helfen sich gegenseitig und ziehen Nutzen daraus. Fachleute bezeichnen diese Form des Zusammenlebens als Symbiose. Die Blattläuse versorgen die Ameisen mit Honigtau. Denn der Saft, den Blattläuse aus den Pflanzen saugen, enthält mehr Zucker, als die Tiere brauchen. Den überschüssigen Zucker – Honigtau genannt – scheiden die Läuse an ihrem Hinterteil aus, wo er von den Ameisen sofort aufgeschleckt wird. Die Ameisen bitten sogar gezielt darum, indem sie die Läuse am Hinterteil mit ihren Antennen berühren. Das nennt man Betrillern. Die Blattlaus reckt daraufhin ihren Po in die Höhe und sondert einen Tropfen Honigtau ab. So „melken" die Ameisen die Läuse. Als Gegenleistung schützen Ameisen ihre Zuckerspender davor, von Marienkäfern und Florfliegenlarven gefressen zu werden. Wenn es kalt wird, nehmen sie die Läuse auch mit in ihr warmes Nest. Geben die aber keinen Honigtau mehr ab, kann es passieren, dass sie selbst zum Futter der Ameisen werden.

2. Kreuze jeweils das passende Satzende an. Die Buchstaben dahinter ergeben von oben nach unten ein Lösungswort. Schreibe sie in die Kästchen.

A Blattläuse saugen …
- ☐ Saft aus Pflanzen. **SYM**
- ☐ Honigtau aus Pflanzen. **TRI**

B Ameisen betrillern die Blattläuse …
- ☐ am Hinterteil. **BI**
- ☐ am Kopf. **LL**

C Die Ameisen beschützen die Läuse …
- ☐ vor Schnecken. **E**
- ☐ vor Marienkäfern. **O**

D Ameisen fressen Blattläuse, …
- ☐ die keinen Honigtau mehr liefern. **SE**
- ☐ um an Honigtau zu kommen. **RN**

Wenn Blattlaus und Ameise sich gegenseitig helfen, nennt man das

.

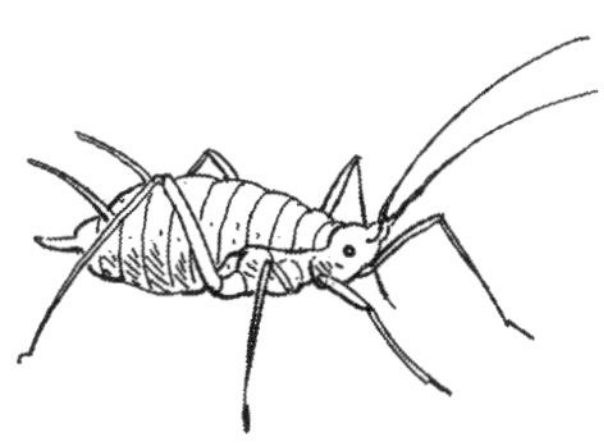

Name:	Klasse:	Datum:

Was gibt's Neues?

1. Lies den Text.

Ameisen können nicht sprechen. Aber die Verständigung in einem Ameisenstaat funktioniert trotzdem. Die Tiere unterhalten sich über Düfte und Berührungen. Hat eine Ameise zum Beispiel eine Futterquelle entdeckt, legt sie auf dem Weg zum Nest für die anderen Arbeiterinnen eine Duftspur aus vielen kleinen Tropfen. So finden die Tiere rasch zur Nahrung. Trifft die Entdecker-Ameise eine Arbeiterin, betrillert sie diese. Sie stupst sie also mit ihren Fühlern an. Durch diese Berührung werden der Duft und der Geschmack der gefundenen Nahrung weitergegeben. Meist dauert es dann nicht lange, bis sich jede Menge Ameisen auf den Weg zum Futter machen. Sie laufen hintereinander und bilden eine Ameisenstraße.

2. Eine Arbeiterin hat im Park die Reste eines Picknicks entdeckt, darunter einen offenen Honigtopf. Den Weg dorthin hat sie mit einer Duftspur markiert. Welcher Weg führt vom Nest zum Honig? Zeichne ihn farbig ein.

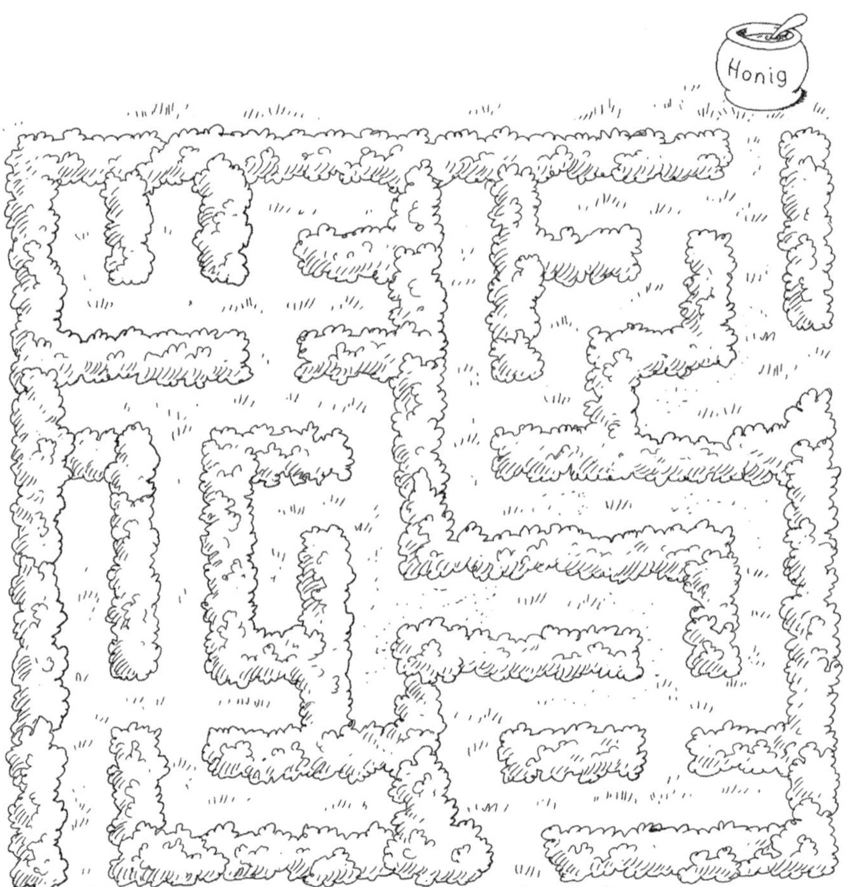

Name:	Klasse:	Datum:

Was gibt's Neues?

1. Die Ameise hat einen Ausflug in den Park gemacht. Ihr Bericht darüber ist leider etwas durcheinandergeraten. Bringe die Ereignisse in die richtige Reihenfolge.

	E	Unterwegs habe ich dann noch eine Arbeiterin getroffen und sie mit einem Fühlertrillern begrüßt.
	H	Sofort habe ich mich auf den Weg zurück zum Nest gemacht. Schließlich sollen auch die anderen Ameisen von meinem Fund erfahren.
1.	F	Heute bin ich im Park zufällig auf einen Klecks Honig gestoßen. Mit meinen Fühlern habe ich daran gerochen. Es hat köstlich geduftet.
	N	Die andere Ameise weiß nun, wo es leckeres Futter gibt, und kann es ebenfalls mit ihren Fühlern weitersagen.
	L	Auf dem Weg zum Nest habe ich eine Duftspur gelegt.
	R	Beim Betrillern stupsen wir uns gegenseitig mit den Fühlern an. Wir tasten und riechen mit ihnen.
	Ü	Natürlich habe ich auch vom Honig gekostet. Er hat wunderbar geschmeckt.

2. Trage die Buchstaben von oben in der richtigen Reihenfolge in die Kästchen ein.

Ameisen geben Informationen mit ihren | | | | | | | | weiter.

3. Welche Sinne nutzt die Ameise? Schreibe die Purzelwörter aus den Honiggläsern richtig auf.

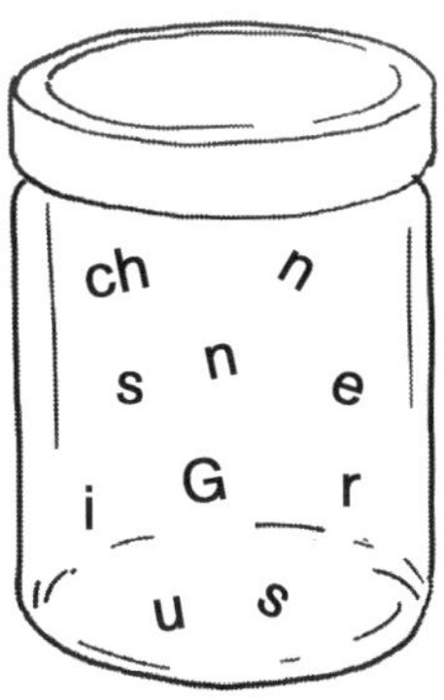

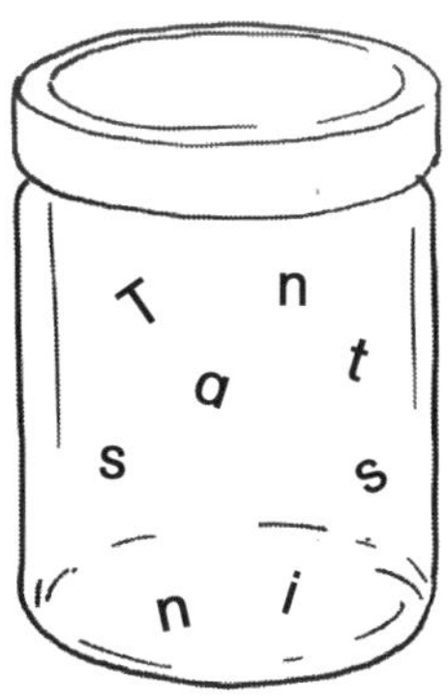

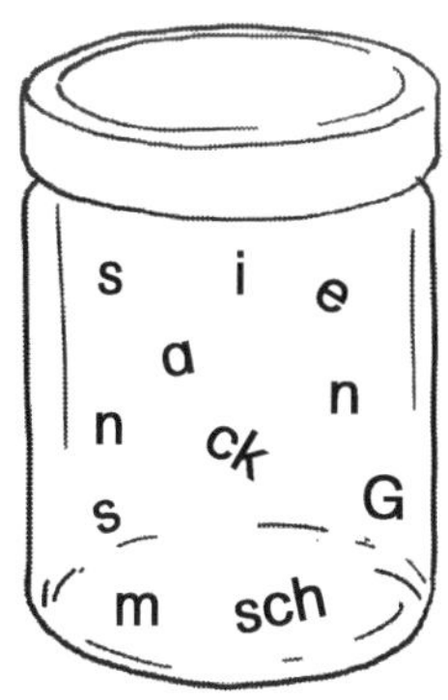

______________________ ______________ ______________________

Name:	Klasse:	Datum:

Mit allen Tricks

Lies die Sätze. Setze die Wörter richtig ein.

Fühlern | betrillern | Feind | Käferlarve | Larven

Geruch | List | Ameisen | verspeisen | Nest

Ameisen erkennen einander am ______. Alle Ameisen eines Baus haben denselben Nestgeruch. Nähert sich ein ______, verrät er sich schnell durch seinen fremden Duft und wird vertrieben. Riecht die andere Ameise aber vertraut, darf sie in das ______. Den Geruch selbst stellen die Tiere mit ihren ______ fest. Treffen sich zwei Ameisen, nehmen sie den Duft der anderen auf, indem sie sich mit den Antennen ______. Trotzdem kommt es vor, dass Feinde ins Nest gelangen, um dort die Eier und die ______ zu fressen. Das gelingt mit einer ______. Die Raupen des Bläulings, eines Schmetterlings, riechen für Ameisen zum Beispiel so gut, dass die Arbeiterinnen sie gern ins Nest schleppen. Die Raupen lassen sich dort umsorgen und ______ in dieser Zeit in aller Seelenruhe die Nachkommen des Ameisenvolks. Auch der Ameisenblattkäfer kann es sich im fremden Nest gemütlich machen. Er wird von den Ameisen bereitwillig als Ei ins Nest getragen und entwickelt sich dort zur Larve. Die ______ ernährt sich von den Abfällen der Ameisen und sorgt mit einem weiteren Trick dafür, dass sie selbst in Ruhe gelassen wird. Sie kleckert sich ihren Kot auf den Körper und schon nehmen die ______ Abstand.

Name:	Klasse:	Datum:

Mit allen Tricks

1. Lies die Sätze. Streiche die falschen Wörter durch.

Ameisen erkennen einander am [Geruch | Verhalten | Aussehen]. Alle Ameisen eines Baus haben denselben Nestgeruch. Nähert sich ein [Freund | Feind | Mitbewohner], verrät er sich schnell durch seinen fremden Duft und wird vertrieben. Riecht die andere Ameise aber [streng | gut | vertraut], darf sie in das [Nest | Haus | Gebäude]. Den Geruch selbst stellen die Insekten mit ihren [Füßen | Antennen | Nasen] fest. Treffen sich zwei Ameisen, betrillern sie sich mit den Fühlern und nehmen darüber den Duft auf. Trotzdem kommt es vor, dass Feinde ins Nest gelangen und dort die [Eier | Blätter | Vorräte] und die Larven fressen. Das gelingt ihnen mit einer [Aufführung | List | Belohnung]. Die Raupen des Bläulings, eines Schmetterlings, [schmecken | riechen | klingen] zum Beispiel für Ameisen so gut, dass die [Arbeiterinnen | Königinnen | Wächterinnen] die Raupen bereitwillig ins Nest schleppen. Die Raupen lassen sich dort umsorgen und verspeisen in dieser Zeit in aller Ruhe die [Enkel | Nachkommen | Vorfahren] des Ameisenvolks. Auch der Ameisenblattkäfer macht es sich im fremden Nest gemütlich. Er wird von den Ameisen als [Junges | Baby | Ei] in den Bau getragen und entwickelt sich dort zur Larve. Die Käferlarve ernährt sich von den Abfällen der Ameisen und sorgt mit einem [Tick | Trick | Ton] dafür, dass sie selbst in Ruhe gelassen wird. Sie kleckert sich nämlich den eigenen Kot auf ihren Körper und schon nehmen die [Asseln | Ameisen | Ameisenbären] Abstand.

2. Beantworte die Fragen in ganzen Sätzen.

A Woran erkennen die Ameisen Freund und Feind?

____

B Wie schafft es die Raupe des Bläulings trotzdem bis ins Nest der Ameisen?

____

Name: | Klasse: | Datum:

Vorsicht, Angreifer!

Werden Ameisen angegriffen, wehren sie sich. Sie beißen mit ihren kräftigen Kieferzangen zu oder spritzen Gift aus ihrer Giftdrüse. Allerdings haben Ameisen viele Feinde, die größer, schneller und stärker sind als sie.

Zu jedem Bild passt eine Beschreibung und eine Vorgehensweise. Schneide die Karten aus und klebe die passenden Texte unter das richtige Bild auf ein Blatt.

✂

1 Dachs

2 Wendehals

3 Spinne

4 Mensch

A Meine Heimat ist der Wald. Dort lebe ich in einer Höhle mit vielen Gängen und Kammern. Ich bin vor allem nachts unterwegs und auf Futtersuche.

B Ich webe kunstvolle Netze und lauere dort auf Beute. Mit meinen acht Beinen kann ich mich schnell bewegen.

C Ich wohne in Häusern und verbringe meist nicht besonders viel Zeit draußen. Vieles in der Natur ist mir fremd.

D Den Sommer verbringe ich hier. Im Winter lebe ich in Afrika. Meinen Hals kann ich sehr weit drehen. Daher habe ich auch meinen Namen.

E Es kommt schon mal vor, dass ich beim Bau eines neuen Weges ein Ameisennest zerstöre. Auch im Garten habe ich die Tiere nicht gern und bekämpfe sie.

F Eine einzelne Ameise macht mich nicht satt. Deshalb wühle ich mich mit meinen Pfoten bis in die Nestkammern vor und hole mir viele Larven und Puppen auf einmal.

G Ich picke die Ameisen direkt aus dem Nest. Mit meiner klebrigen Zunge schaffe ich es auch, Larven und Puppen herauszuholen. Die mag ich am liebsten.

H Ich lasse mich blitzschnell von oben auf eine Ameise herab und packe sie. Dann bringe ich sie in mein Versteck und wickle sie ein. Später fresse ich sie.

Name:	Klasse:	Datum:

Vorsicht, Angreifer!

1. Lies den Text.

Werden Ameisen angegriffen, wehren sie sich. Sie beißen mit ihren kräftigen Kieferzangen zu oder spritzen Gift aus ihrer Giftdrüse auf den Angreifer. Oft reicht das Ameisengift aber nicht aus, um Feinde zu vertreiben. Amseln setzen sich sogar freiwillig direkt neben ein Ameisennest. Die verspritzte Ameisensäure befreit sie nämlich von Ungeziefer, das sich in ihrem Gefieder eingenistet hat. Trotz dieser Unterstützung fressen die Vögel die eine oder andere Ameise. Grünspechte angeln sich mit ihrer langen Zunge täglich Tausende Ameisen aus den Gängen im Nest. Auch der Wendehals nutzt seine Zunge, die sehr klebrig ist. Damit holt er sich Larven und Puppen aus den Kammern. Spinnen wiederum machen außerhalb des Nests Jagd auf die Arbeiterinnen. Sie lassen sich blitzschnell von oben auf eine Ameise herab und packen das Tier. Dann bringen sie die Ameise in ihr Versteck. Bevor die Beute später gefressen wird, wickeln sie sie ein. Dachse und Wildschweine haben es – wie die Vögel – auf den Ameisennachwuchs abgesehen und wühlen auf der Suche nach den Larven und Puppen schon mal den halben Haufen um. Ähnlich große Schäden richtet sonst nur der Mensch an. Ameisenhaufen werden mutwillig zerstört oder gehen beim Abholzen des Waldes und beim Umgraben des Gartens kaputt. Auch Pflanzengifte machen Ameisen das Überleben schwer.

2. Löse das Kreuzworträtsel.

1. Wer wird besonders gern verspeist? Larven und …
2. Welcher Feind der Ameise wickelt sie ein, bevor er sie frisst?
3. Wie heißt der Vogel mit der klebrigen Zunge?
4. Welches Tier mit schwarz-weiß gestreiftem Gesicht frisst Ameisen?
5. Wer setzt sich gern neben einen Ameisenhaufen?
6. Wer holt sich dank seiner langen Zunge mehrere Tausend Ameisen am Tag?

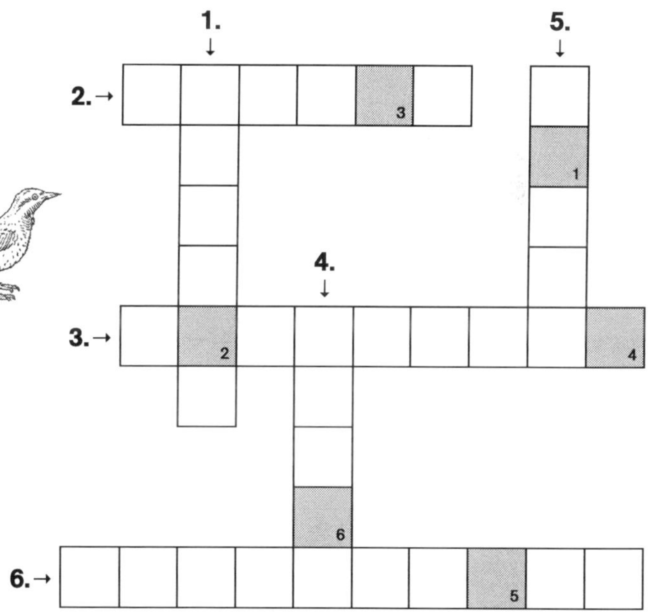

3. Die Buchstaben in den grauen Feldern verraten dir, wer der größte Feind der Ameisen ist. Trage das Lösungswort ein.

Lösungswort:

1	2	3	4	5	6

Name: | Klasse: | Datum:

Der Ameisenlöwe

Einen Ameisenlöwen bekommst du selten zu Gesicht. Er lauert Ameisen in seinem Versteck am Boden auf. Er sieht aus wie ein kleiner Käfer. Der Ameisenlöwe ist aber die Larve eines Insekts, das einer Libelle ähnelt.

1. Lies, was der Ameisenlöwe über den Beutefang erzählt.

☐ Die Ameise kann sich dann nicht mehr auf dem nachrutschenden Sand halten und stürzt ab.

☐ Zuerst baue ich einen Trichter in den lockeren Sand. Die Wände müssen steil und rutschig sein.

☐ Ich verstecke mich am Grund meines fertigen Trichters und warte dort auf meine Beute.

☐ Krabbelt eine unvorsichtige Ameise über den Trichter, schleudere ich Sand auf sie.

☐ Sobald sie am Boden des Trichters ankommt, packe ich die Ameise mit meinen Zangen, lähme sie mit Gift und fresse sie.

2. Bringe die Aussagen in den Sprechblasen in die richtige Reihenfolge. Trage dazu die Zahlen von 1 bis 5 in die Kästchen ein.

3. Kreuze die richtige Antwort an.

A Was ist der Ameisenlöwe?

- ☐ Ein Säugetier.
- ☐ Eine Insektenlarve.

B Welche Form hat die Falle des Ameisenlöwen?

- ☐ Sie ist trichterförmig.
- ☐ Sie ist schalenförmig.

Name:	Klasse:	Datum:

Der Ameisenlöwe

1. Lies, was der Ameisenlöwe erzählt.

Ich trage den Namen eines gefährlichen Säugetiers. In Wirklichkeit bin ich die Larve eines Insekts. Ich habe sehr große Zangen. Doch insgesamt bin ich kaum größer als eine Ameise. Wenn ich mich fertig entwickelt habe, sehe ich aus wie eine Libelle. Bis es so weit ist, ernähre ich mich von Ameisen. Um sie zu fangen, baue ich eine Falle im lockeren Sand. Ich grabe einen Trichter mit steilen Wänden und verstecke mich an seinem Grund. Krabbelt eine Ameise über den Rand, gerät sie ins Rutschen. Damit sie nicht mehr aus dem Trichter herauskriechen kann, schleudere ich Sand auf sie. So gleitet die Ameise immer tiefer hinab, direkt auf meine Beißzangen zu. Ich kann sie packen, mit Gift betäuben und fressen.

2. Vervollständige die Sätze.

Der Ameisenlöwe ist kein Säugetier, sondern ____________________.

Nach seiner Verwandlung sieht er aus ____________________.

Als Larve frisst er ____________________.

Um seine Beute zu fangen, ____________________

____________________.

Läuft eine Ameise über den Rand, ____________________

____________________.

Landet die Ameise am Boden des Trichters, ____________________

____________________.

3. Baue einen Trichter im lockeren, trockenen Sand. Streiche mit einem Grashalm über den Rand und beobachte, was passiert.

Name:	Klasse:	Datum:

Kleine Helfer

1. Lies den Text.

Ameisen sind sehr nützliche Tiere. Sie lockern den Boden auf und schichten ihn um. So sorgen sie im Wald dafür, dass abgestorbene Baumreste und Laub schneller verrotten. Sie verspeisen tote Tiere und in ihrem Nest finden auch andere Insekten Unterschlupf. Ameisen helfen zudem bei der Verbreitung von Blumen. Sie tragen zum Beispiel die Samen von Veilchen, Leberblümchen und Schneeglöckchen in ihr Nest. Dort knabbern sie die leckersten Stückchen ab. Die Reste bringen sie wieder nach draußen vor den Ameisenhaufen. Die Samen finden dort sehr gute Bedingungen zum Keimen. Mit etwas Glück wächst daraus bald eine neue Blume.

2. Lies die Sätze. Kreuze an.

	stimmt	stimmt nicht
A Ameisen lockern den Boden auf.	☐	☐
B Sie schaden dem Wald.	☐	☐
C Ameisen fressen keine toten Tiere.	☐	☐
D Ameisen verbreiten Blumensamen.	☐	☐
E Sie fressen die Samen vollständig auf.	☐	☐
F Ameisen beherbergen andere Insekten.	☐	☐

3. Die Ameisen haben Samen verteilt. Zeichne darüber, welche Blumen aus ihnen wachsen können. Tipp: Schau im Internet oder in einem Buch nach, wie Veilchen, Leberblümchen und Schneeglöckchen aussehen.

Name:	Klasse:	Datum:

Kleine Helfer

1. Lies den Text.

Ameisen sind sehr nützliche Tiere. Es ist also von Vorteil, wenn es im Wald viele Ameisenhaufen gibt. Die kleinen Krabbeltiere lockern zum Beispiel den Boden auf und schichten ihn um, wenn sie Gänge in der Erde anlegen. Alte Nadeln, Laub, Rinde und kleine Zweige können so schneller verrotten. Ameisen schleppen außerdem tote Tiere als Nahrung in ihr Nest und räumen dadurch im Wald auf. Sie schützen die Bäume, indem sie Insekten vertilgen, die den Bäumen schaden könnten, zum Beispiel Borkenkäfer. Ameisen haben auch einen sehr großen Anteil daran, dass sich Blumen verbreiten. Sie tragen die Samen von Pflanzen wie Leberblümchen, Schneeglöckchen und Veilchen in ihr Nest. Dort knabbern sie die leckersten Stückchen ab und bringen das, was sie nicht mögen, nach draußen. Die Samen können dann immer noch keimen. Im Umkreis des Ameisenhaufens finden sie meist sehr gute Bedingungen vor. Viele von ihnen wachsen zu neuen Blumen heran.

2. Lies die Sätze. Kreuze an.

	stimmt	stimmt nicht
A Ameisen lockern den Boden auf.	☐	☐
B Ameisen schaden den Bäumen.	☐	☐
C Ameisen verspeisen die Blumensamen komplett.	☐	☐
D Viele Baumschädlinge werden von Ameisen gefressen.	☐	☐
E Ameisen tragen tote Tiere in ihr Nest.	☐	☐
F Veilchen werden manchmal durch Ameisen verbreitet.	☐	☐
G Ameisen räumen im Wald auf.	☐	☐
H Ameisen fressen keine Borkenkäfer.	☐	☐
I Förster mögen Ameisenhaufen in ihrem Wald.	☐	☐

3. Suche einen Ameisenbau. Wachsen in der Nähe des Nests Leberblümchen, Schneeglöckchen oder Veilchen? Tausche dich mit einem Partner über deine Entdeckungen aus.

Tipp: Schau im Internet oder in einem Buch nach, wie die Blumen aussehen.

Name: | Klasse: | Datum:

Ameisenarten

In Europa leben ungefähr zweihundert Ameisenarten. Weltweit wird ihre Zahl auf über 13000 geschätzt.

1. Lies die Steckbriefe dieser interessanten Ameisen.

Rote Gartenameise
Diese Art kommt in Europa häufig vor. Sie wird auch Rotgelbe Knotenameise genannt. Die Tiere besitzen einen Giftstachel und legen sehr große Nester an. Dort leben bis zu 20000 Arbeiterinnen mit mehreren Königinnen zusammen.

Blattschneiderameise
Die Blattschneiderameise lebt vor allem in tropischen Gebieten in Mittel- und Südamerika. Sie schneidet mit ihren scharfen Zangen große Stücke aus Blättern und schleppt diese in ihr Nest. Die Blätter zerkaut sie dann zu Brei. Auf der Breimasse wächst eine Pilzart, von der sich die Ameise ernährt.

Rossameise
Die Rossameise ist bei uns die größte Ameisenart. Die Königin kann achtzehn Millimeter lang werden. Kopf und Hinterleib der Rossameise sind schwarz, der übrige Körper ist rotbraun. Sie legt ihr Nest gern in morschem Holz an. Deshalb wird sie auch Holzameise genannt.

Rote Waldameise
Insgesamt gibt es bei uns dreiundzwanzig Arten von Waldameisen. Die Rote Waldameise ist eine davon. Die Tiere schichten beachtliche Nester aus Nadeln und Laub auf. Waldameisen gelten als nützliche Insekten, da sie den Wald von toten Tieren und Schädlingen befreien und den Boden lockern. Sie stehen unter Naturschutz.

2. Beantworte die Fragen.

A Welche Ameisenart ist die größte bei uns?

B Welche Art schichtet im Wald große Haufen auf?

C Welche Ameisenart züchtet einen Pilz?

D Wie heißt die Rote Gartenameise noch?

Name:	Klasse:	Datum:

Ameisenarten

1. Lies die Steckbriefe dieser interessanten Vertreter.

Rote Gartenameise
Diese Art kommt in Europa häufig vor. Sie wird auch als Rotgelbe Knotenameise bezeichnet. Im Gegensatz zu vielen anderen Ameisenarten besitzt sie einen Giftstachel. Ihre Nester sind sehr groß und bieten Platz für bis zu 20000 Arbeiterinnen. Die leben dort dann mit mehreren Königinnen zusammen.

Blattschneiderameise
Die Blattschneiderameise lebt vorwiegend in tropischen Gebieten Mittel- und Südamerikas. Sie schneidet mit ihren scharfen Zangen große Stücke aus Blättern. Die hält sie hoch über ihren Kopf und trägt sie so in ihr Nest. Die Blätter zerkaut sie dann zu Brei. Auf der Breimasse gedeiht ein bestimmter Pilz, den die Ameise züchtet und von dem sie sich ernährt.

Rossameise
Die Rossameise ist die größte bei uns lebende Ameisenart. Die Königin kann eine Körperlänge von achtzehn Millimetern erreichen. Kopf und Hinterleib der Rossameise sind schwarz, der übrige Körper ist rotbraun. Die Tiere legen ihr Nest gern in morschem Holz an, weshalb sie auch Holzameisen genannt werden. Die Männchen helfen bei der Brutpflege, bevor sie sich mit der Königin paaren.

Rote Waldameise
Insgesamt gibt es bei uns dreiundzwanzig Arten von Waldameisen. Die Rote Waldameise ist eine davon. Die Tiere schichten beachtliche Nester aus Nadeln und Laub auf. Waldameisen gelten als nützliche Insekten, weil sie den Waldboden von toten Tieren befreien und beim Bau des Ameisenhaufens den Untergrund lockern. Ihre Nester dürfen nicht zerstört werden, denn die Tiere stehen unter Naturschutz.

2. Beantworte die Fragen.

A Welche Ameisenart ist die größte bei uns? Notiere ihre beiden Namen.

___

B Warum sind Waldameisen sehr nützlich? Schreibe einen Grund auf.

___

C Wovon ernähren sich Blattschneiderameisen? ___

D Wie verteidigt sich die Rote Gartenameise? ___

Name: | Klasse: | Datum:

Verwandte der Ameisen

Auch Ameisen haben Verwandte. Allerdings sehen die oft ganz anders aus als die Ameise.

1. Wie heißen die drei engsten Verwandten? Finde den Namen in der Flugbahn des Insekts und schreibe ihn auf die Linie.

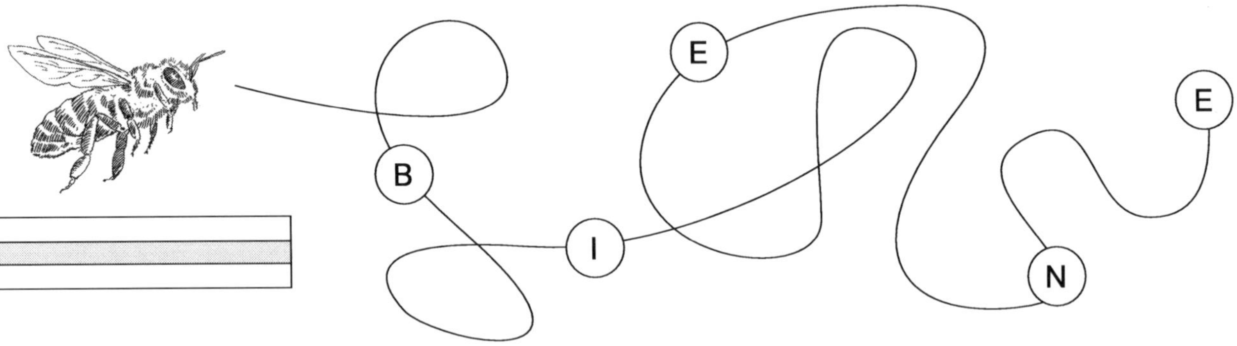

____

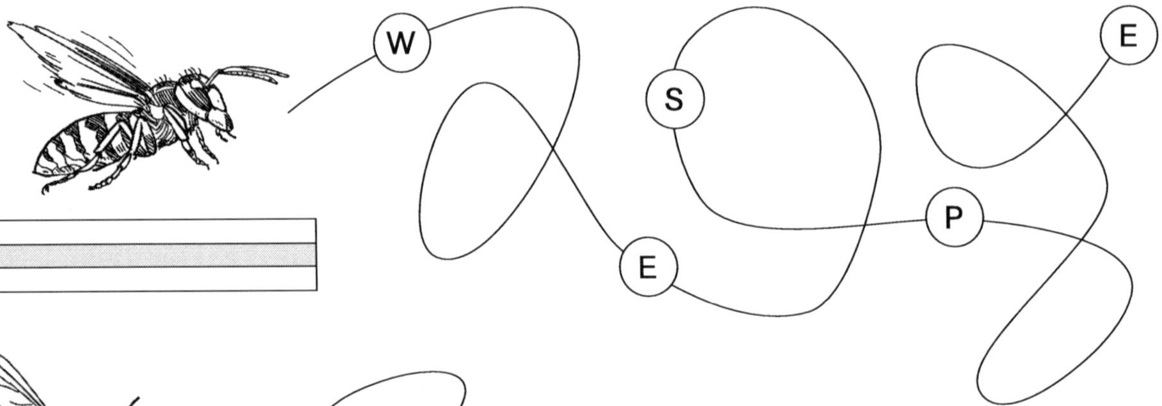

____

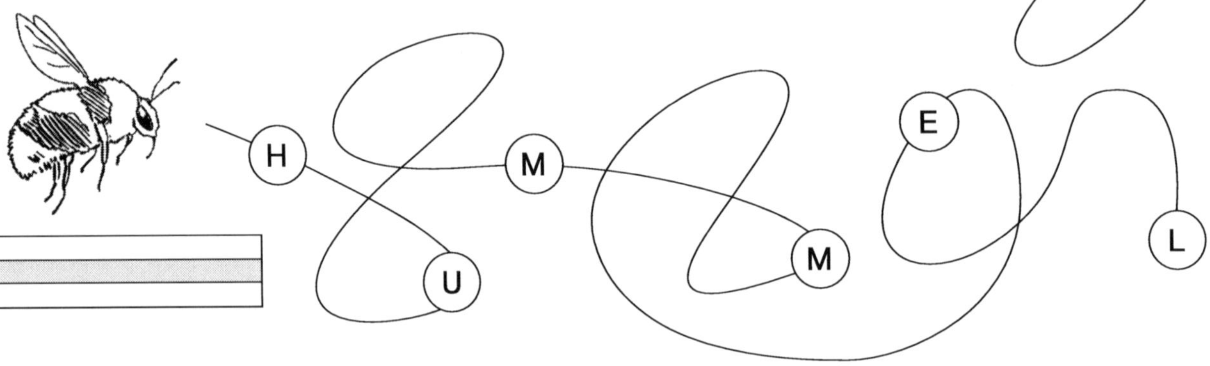

____

2. Was haben diese drei Verwandten gemeinsam? Bringe die Buchstaben in die richtige Reihenfolge und schreibe das Wort auf die Linie.

Sie können ________________.

Sie leben in großen ________________.

Sie umsorgen ihre ________________.

gienlef

taaStne

truB

Name:	Klasse:	Datum:

Verwandte der Ameisen

1. Lies den Text.

Auch Ameisen haben Verwandte. Allerdings sehen die oft völlig anders aus als die Ameise selbst. Trotzdem gibt es einige Gemeinsamkeiten. Bienen, Hummeln und Wespen zählen zu den nächsten Verwandten der Ameise. Sie sind wie die Ameisen Hautflügler. Das heißt, sie haben durchsichtige Flügel. Während sie ihr ganzes Leben lang damit umherschwirren, tragen Ameisen ihre Flügel nur beim Hochzeitsflug. Wie Ameisen bilden ihre Verwandten große Staaten, in denen die Aufgaben klar verteilt sind. Die Honigbienen pflegen fürsorglich ihre Brut, die sie in selbst gebauten Wachswaben aufziehen. Auch Wespen errichten kunstvolle Nester. Einige Arten stellen dazu extra einen Holzbrei her, ähnlich wie die Holzameise. Wespennester sind leicht wie Papier. Hummeln wählen als Ort für ihr Nest gern ein verlassenes Mauseloch oder einen Steinhaufen. Darin bauen sie Kammern, in denen sie den Nachwuchs großziehen sowie Pollen und Nektar lagern.

2. Was haben Ameisen und ihre Verwandten gemeinsam? Notiere zwei Merkmale.

____

____

3. Schreibe zu jeder Verwandten eine Information auf, die sie von den anderen unterscheidet.

 Biene	______________________ ______________________
 Wespe	______________________ ______________________
 Hummel	______________________ ______________________

4. Zu welcher Jahreszeit kannst du die Verwandten der Ameise am besten beobachten?

____

Name:	Klasse:	Datum:

Das Ameisenjahr

Lies die Texte. Schneide die Karten aus und klebe sie in der richtigen Reihenfolge untereinander in dein Heft. Beginne mit dem Ende des Winters. Die Buchstaben verraten dir, wohin sich die Ameise im Herbst zurückzieht.

✂

M	An einem sonnigen Tag im Mai oder Juni schwärmen die jungen Ameisen zum Hochzeitsflug aus. Weibchen, die sich mit einem Männchen gepaart haben, werden zu Königinnen. Sie gründen einen neuen Staat. Die Männchen sterben nach dem Flug.
K	Nähert sich der Winter dem Ende, beginnt ein neues Jahr für das Volk der Roten Waldameisen. Es erwacht aus seiner Winterruhe. Zuerst werden die Ameisen im oberen Teil des Nestes munter und krabbeln ins Freie, um sich in den Märzsonnenstrahlen zu wärmen. Haben sie genügend warme Sonne aufgenommen, wandern sie zurück ins Nest. Ihre aufgeheizten Körper wärmen den Ameisenhügel langsam auf. Immer mehr Arbeiterinnen wuseln bald darauf rund um den Hügel, um nach neuen Futterquellen zu suchen.
M	Nach dem Hochzeitsflug kehrt im Nest jedoch keineswegs Ruhe ein. Denn im Sommer ist im Ameisenstaat sehr viel zu tun. Die Königin ist weiter mit Eierlegen beschäftigt. Die Arbeiterinnen kümmern sich um den Nachwuchs und suchen nach Nahrung, die sie ins Nest schleppen.
E	Werden die Tage kürzer und die Nächte kühler, bereiten sich die Ameisen auf die Überwinterung vor. Sie speichern Nahrung in ihrem Körper und dichten den oberen Teil des Ameisenhaufens gegen Feuchtigkeit ab.
A	Die Königin beginnt nach dem Erwachen sofort mit dem Eierlegen. Aus den Eiern schlüpfen die ersten Larven. Junge Arbeiterinnen versorgen sie ungefähr bis Mai mit Futter. Dann haben sie sich mehrmals gehäutet und sind fertig entwickelt.
R	Ab dem Spätherbst beginnt die Winterruhe der Ameisen. Die meisten von ihnen ziehen sich in die tieferen Bereiche des Nestes zurück. In den Überwinterungskammern verbringen sie die nächsten Monate völlig regungslos in Kältestarre.

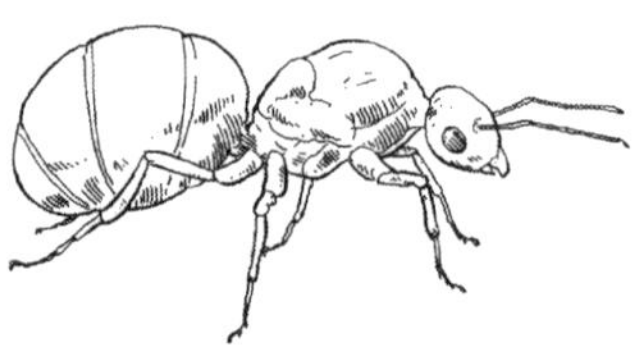

Name:	Klasse:	Datum:

Das Ameisenjahr

1. Lies den Text.

Gegen Ende des Winters erwacht das Volk der Roten Waldameisen. Zuerst werden die Ameisen im oberen Teil des Nestes wach und krabbeln ins Freie, um sich in der Märzsonne zu wärmen. Dann wandern sie zurück ins Nest und heizen es mit ihrer Körperwärme auf. Die Arbeiterinnen beginnen mit der Futtersuche. Auch die Königin ist nun wach und fängt sofort mit dem Eierlegen an. Aus den Eiern schlüpfen Larven. Arbeiterinnen versorgen sie in den nächsten Wochen mit Nahrung, bis sie fertig entwickelt sind. An einem sonnigen Tag im Mai oder Juni schwärmen die jungen Ameisen zum Hochzeitsflug aus. Weibchen, die sich mit einem Männchen gepaart haben, werden zu Königinnen und gründen einen neuen Staat. Die Männchen hingegen sterben nach dem Flug. Im Sommer ist im Ameisenstaat besonders viel los. Die Königin legt weiter Eier und die Arbeiterinnen kümmern sich um den neuen Nachwuchs. Der Ameisenstaat wächst und die Arbeiterinnen sind ständig auf der Suche nach Futter. Im Herbst bereiten sich die Ameisen auf die Überwinterung vor. Sie speichern Nahrung in ihrem Körper und dichten den oberen Teil des Nestes gegen Feuchtigkeit ab. In den letzten Wochen des Jahres beginnt die Winterruhe der Ameisen. Die nächsten Monate verbringen sie völlig regungslos in Kältestarre in ihren Überwinterungskammern.

2. Schreibe in Stichpunkten auf, was die Ameise in den jeweiligen Monaten macht.

März – April	
Mai – Juni	
Juli – September	
Oktober – November	
Dezember – Februar	

Name:	Klasse:	Datum:

Noch mehr Interessantes zur Ameise

Welche Frage gehört zu welcher Antwort? Schneide die Kärtchen aus und klebe sie passend zueinander auf ein Blatt.

✂

1 Wie viele Ameisenarten gibt es?	A In einem Haufen der Roten Waldameise können bis zu zwei Millionen Tiere leben.
2 Wie viele Eier legt eine Waldameisenkönigin am Tag?	B Je nach Art und Geschlecht wiegt eine Ameise etwa sechs bis zehn Milligramm.
3 Wie viele Tiere leben in einem Ameisenhaufen?	C Sie ziehen sich in ihr Nest zurück und überstehen tief im Boden auch sehr niedrige Temperaturen.
4 Welche Ameise ist am schnellsten?	D Geschätzt gibt es etwa 13 000 Arten. Die genaue Zahl kennt niemand, denn viele Arten werden in sehr abgelegenen Gegenden vermutet.
5 Was machen Ameisen im Winter?	E Eine Königin kann bis zu dreihundert Eier am Tag legen.
6 Wie viel wiegt eine Ameise?	F Die Silberameise kann in einer Sekunde fast einen Meter weit krabbeln. Keine andere Ameisenart ist schneller.

Name:	Klasse:	Datum:

Noch mehr Interessantes zur Ameise

Welche Frage gehört zu welcher Antwort? Schneide die Kärtchen aus und klebe sie passend zueinander auf ein Blatt.

✂

1 Wie viele Ameisen leben in einem Ameisenhaufen?	2 Welche Ameise ist am schnellsten?	A Eine Königin kann bis zu dreihundert Eier am Tag legen.	B Das Gift der Ameise befreit das Gefieder der Vögel von Ungeziefer.
3 Was ist das Besondere an einer Ameisenstraße?	4 Warum setzen sich Amseln manchmal direkt neben einen Ameisenhaufen?	C Er baut einen Trichter im Sand, in den die Ameisen hineinrutschen.	D Sie erkennen dadurch ihr Gegenüber und tauschen Informationen aus.
5 Was machen Ameisen im Winter?	6 Warum betrillern sich Ameisen gegenseitig?	E Die Silberameise ist am schnellsten. Sie kann fast einen Meter in der Sekunde krabbeln.	F Diese kleinen Besucher fressen Futterreste und Kot. So halten sie das Ameisennest sauber.
7 Wie viele Ameisenarten gibt es?	8 Warum sind Ameisenasseln im Ameisenhaufen gern gesehene Gäste?	G Je nach Art und Geschlecht wiegt eine Ameise etwa sechs bis zehn Milligramm.	H Die Insekten legen eine Duftspur, die zur Nahrungsquelle führt.
9 Wie teilen Ameisen einander mit, wo es Futter gibt?	10 Wie viel wiegt eine Ameise?	I Es gibt ca. 13000 Arten. Genau weiß es niemand, da viele Arten in abgelegenen Gegenden leben.	J In einem Haufen der Roten Waldameise können bis zu zwei Millionen Tiere leben.
11 Wie viele Eier legt eine Waldameisenkönigin am Tag?	12 Wie fängt der Ameisenlöwe Ameisen?	K Sie ziehen sich in ihr Nest zurück. Tief im Boden überstehen sie kalte Temperaturen.	L Alle Ameisen laufen auf dieser Straße hintereinander, kein Tier überholt.

Name:	Klasse:	Datum:

Ameisen beobachten

1. Mache einen Ausflug in den Wald und suche einen Ameisenhügel. Wo befindet er sich?

2. Beobachte, wie die Ameisen an dem Hügel bauen. Notiere, was dir auffällt.

3. Fertige eine Skizze des Hügels an.

Name: | Klasse: | Datum:

Ameisen beobachten

1. Mache einen Ausflug in den Wald und suche einen Ameisenhügel. Wo befindet er sich?

____

2. Beobachte die Ameisen. Gibt es unterschiedliche Aufgaben, die sie erfüllen? Notiere.

____

____

____

3. Was passiert, wenn du ein paar Zuckerkrümel in die Nähe des Haufens streust? Was geschieht, wenn du einige Kiefernnadeln nebeneinander in den Weg der Insekten legst? Schreibe deine Beobachtungen auf.

Zuckerkrümel: ______________________________

____

____

Kiefernnadeln: ______________________________

____

____

4. Fertige eine Skizze des Ameisenhügels an.

Name:	Klasse:	Datum:

Ameisenwörter

1. Bilde zusammengesetzte Nomen mit „Ameise“. Schreibe sie auf.

Löwe Silber Haufen Königin Straße

+n

Nest Staat Ross Wald Gift

2. Schreibe zu drei Begriffen jeweils einen Satz.

3. Denke dir zwei eigene Ameisenwörter aus. Notiere die Begriffe und ihre Bedeutung.

Begriff 1:

Begriff 2:

Name:	Klasse:	Datum:

Ameisenwörter

1. Bilde zusammengesetzte Nomen mit Ameise. Überlege, ob das Wort „Ameise“ vorn oder hinten steht. Trage die Wörter in die richtige Spalte ein.

Holz Löwe Silber Haufen Garten Nest

Staat Ross

+n Königin Knoten

Straße Wald Gift Blattschneider

Ameise-	**-ameise**

2. Schreibe zu fünf der gefundenen Begriffe jeweils einen Satz.

Name:	Klasse:	Datum:

Die Taube und die Ameise

1. Lies die Fabel.

Eine Taube saß an einem Bach, um zu trinken. Da stürzte eine Ameise direkt vor ihren Augen ins Wasser. Das Insekt war kurz davor, zu ertrinken. Die Taube bekam Mitleid. Sie nahm einen Grashalm in den Schnabel, flog auf und ließ ihn neben der Ameise fallen. Die Ameise kletterte darauf und konnte auf dem Halm zum Ufer laufen. Sie war gerettet. Wenig später kam ein junger Mann an den Bach. Er trug keine Schuhe an den Füßen, aber eine Waffe über dem Arm. Der Mann entdeckte die Taube. „Die kommt mir wie gerufen", dachte er. „Sie wird einen leckeren Braten abgeben."
Er hob seine Waffe und zielte auf die Taube, die nichts Böses ahnte. In diesem Moment biss die Ameise den Mann in den Fuß. Der Mann zuckte zusammen, sein Schuss ging weit daneben und die Taube flog davon. So rettete nun die Ameise der Taube das Leben.

nach Jean de La Fontaine (1621 – 1695)

2. Erkläre, warum das Sprichwort „Eine Hand wäscht die andere" zu der Geschichte passt.

3. Male die beiden wichtigsten Szenen aus der Fabel.

Name:	Klasse:	Datum:

Die Taube und die Ameise

1. Lies die Fabel.

Eine Taube saß an einem Bach, um zu trinken. Da stürzte eine Ameise direkt vor ihren Augen ins Wasser und drohte zu ertrinken. Die Taube bekam Mitleid. Sie nahm einen Grashalm in ihren Schnabel, flog auf und ließ ihn neben der Ameise ins Wasser fallen. Die Ameise kletterte darauf und konnte sich auf dem Halm ans Ufer retten.
Wenig später kam ein junger Mann an den Bach. Er trug keine Schuhe an den Füßen, aber eine Waffe über dem Arm. Der Mann entdeckte die Taube. „Die kommt mir wie gerufen“, dachte er. „Sie wird einen leckeren Braten abgeben.“
Er hob seine Waffe und zielte auf die Taube, die nichts Böses ahnte. In diesem Moment biss die Ameise den Mann in den Fuß. Der Mann fuhr zusammen, sein Schuss ging weit daneben und die Taube flog davon. So rettete nun die Ameise der Taube das Leben.

nach Jean de La Fontaine (1621–1695)

2. Welches der drei Sprichwörter erklärt die Fabel am besten? Kreuze an.

- ☐ Der Spatz in der Hand ist besser als die Taube auf dem Dach.
- ☐ Eine Hand wäscht die andere.
- ☐ Was du nicht willst, das man dir tut, das füg’ auch keinem anderen zu.

3. Warum findest du dieses Sprichwort passend? Begründe deine Wahl.

4. Hast du auch schon einmal jemandem aus einer Notsituation geholfen? Wie war das? Sprich mit einem Partner darüber.

Name:	Klasse:	Datum:

Ameisengedicht

1. Lies das Gedicht.

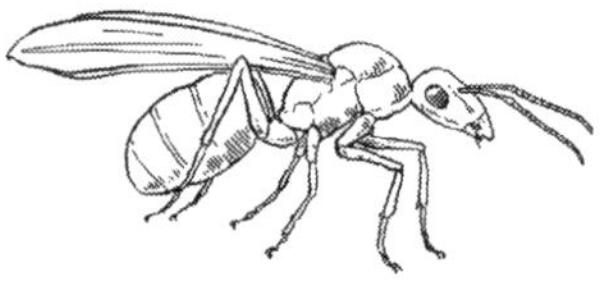

In Hamburg lebten zwei Ameisen,
die wollten nach Australien reisen.

Bei Altona auf der Chaussee*,
da taten ihnen die Beine weh.

Und da verzichteten sie weise
dann auf den letzten Teil der Reise.

Auszug aus dem Gedicht „Die Ameisen“ von Joachim Ringelnatz (1883–1934)

* *Altona ist ein Stadtteil von Hamburg. Chaussee (sprich: Schosseh) nannte man früher eine breite Landstraße.*

2. Schlage in einem Atlas nach, wo Hamburg und Australien liegen. Hätten die beiden Ameisen die Reise geschafft? Begründe deine Meinung.

☐ Ja, weil

☐ Nein, weil

3. Stell dir vor, die Reise der beiden Ameisen wäre weitergegangen. Wem oder was würden sie begegnen, welche Hindernisse müssten sie überwinden? Schildere eine Situation auf ihrem Weg nach Australien.

Name: | Klasse: | Datum:

Ameisengedicht

1. Lies das Gedicht.

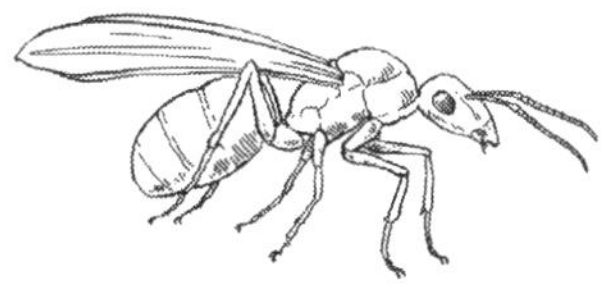

In Hamburg lebten zwei Ameisen,
die wollten nach Australien reisen.

Bei Altona auf der Chaussee,
da taten ihnen die Beine weh.

Und da verzichteten sie weise
dann auf den letzten Teil der Reise.

Auszug aus dem Gedicht „Die Ameisen" von Joachim Ringelnatz (1883–1934)

2. Beantworte die Fragen. Nutze dazu ein Wörterbuch oder schau im Internet nach.

A Was ist Altona? ________________________

B Was bedeutet Chaussee? ________________________

C Wie viele Kilometer liegen etwa zwischen Deutschland und Australien? ____________

____

3. Schlage in einem Atlas die Lage von Australien und Hamburg nach. Auf welche Schwierigkeiten wären die beiden Ameisen gestoßen, wenn sie ihre Reise fortgesetzt hätten? Schreibe auf.

____

____

____

____

4. Wohin würdest du gern reisen? Wie kannst du dorthin gelangen? Notiere.

____

____

____

Lösungskarten

KV Seite 4

2.

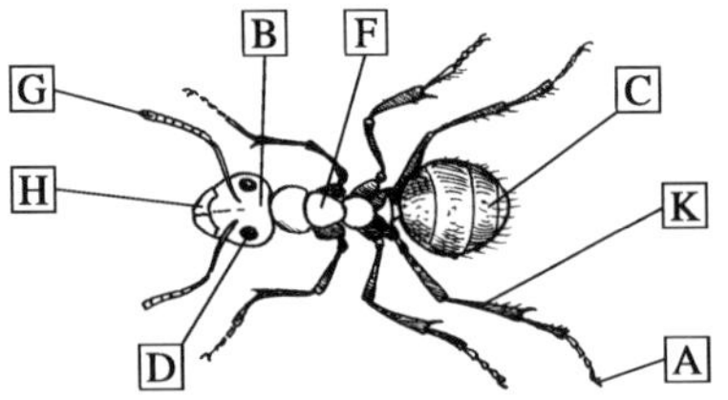

KV Seite 5

2. **A** Kopf
   B Brust/Brustteil
   C Hinterleib
   D Giftdrüse
   E Bein
   F Klaue
   G Auge
   H Fresszange
   I Fühler/Antenne

3. *individuelle Antwort:* z. B. Biene, Marienkäfer, Stubenfliege

KV Seite 6

1. Arbeiterin:
   Die Arbeiterin ist kleiner als die Königin.
   Die Arbeiterin geht auf Futtersuche.
   Die Arbeiterin baut das Nest.
   Die Arbeiterin kümmert sich um den Nachwuchs und bedient die Königin.
   Eine Arbeiterin lebt zwei bis drei Jahre.

   männliche Ameise:
   Die männliche Ameise fliegt im Frühjahr.
   Die männliche Ameise hat Flügel.
   Das Männchen paart sich mit einer jungen Königin und stirbt dann.

   Königin:
   Die Königin verlässt das Nest nach der Paarung nicht mehr.
   Die Königin legt Eier.
   Eine Königin kann über zwanzig Jahre alt werden.
   Die Königin ist größer als die anderen Ameisen.

2. Die Arbeiterin erledigt die meisten Aufgaben.

KV Seite 7

2. Aufgabe der männlichen Ameise:
   Sie paart sich mit den jungen Königinnen.

   Aufgaben der Arbeiterin:
   Die Arbeiterin baut das Nest.
   Sie jagt die Beute und trägt sie in den Bau.
   Sie räumt den Bau auf und entsorgt Abfälle.
   Sie kümmert sich um den Nachwuchs.
   Sie bedient die Königin.

   Aufgabe der Königin:
   Sie legt Eier.

3. *individuelle Antwort*

KV Seite 8

3. *Lösungswort:* AMEISENWOLKE

KV Seite 9

3. *Lösungswort:* WOLKE

KV Seite 10

2. **B** **A** **D** **C**

Ei Larve Puppe Ameise

KV Seite 11

2. Die Arbeiterinnen bringen jedes Ei in eine **Nestkammer**.

   Aus dem Ei schlüpft nach zwei Wochen eine **Larve**.

   Haben die Larven genug gefressen, verwandeln sie sich in eine **Puppe**.

   Der Kokon besteht aus einem **Spuckefaden**.

   Darin entwickelt sich die Ameise und schlüpft nach etwa **zwei** Wochen.

3. Ei Larve Puppe Ameise

KV Seite 12

2. und 3.

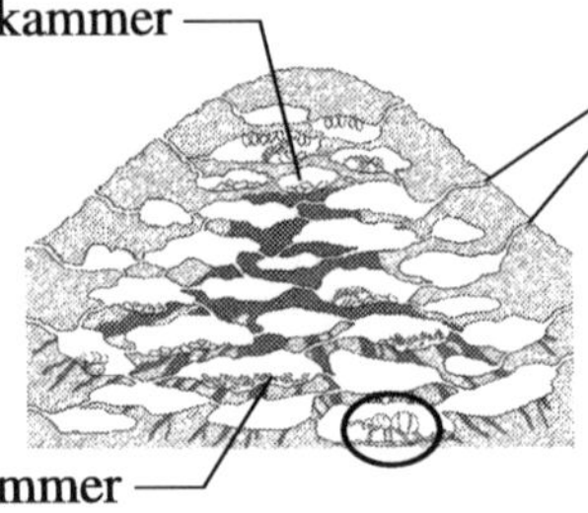

KV Seite 13

2.

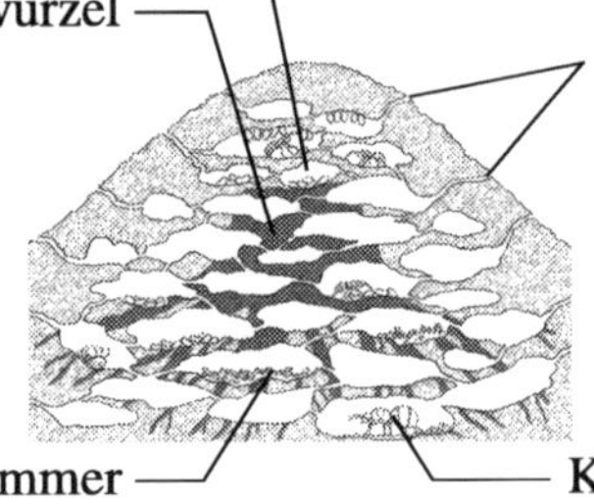

3. *individuelle Antwort*

KV Seite 14

2. KÄFER, BLÄTTER, RAUPE, GRAS-HÜPFER, BEEREN, SCHMETTERLING, SPINNE, FLIEGE

KV Seite 15

1.

H	E	U	S	C	H	R	E	C	K	E	T	A	P
L	R	I	A	R	J	X	F	U	Y	D	R	N	H
R	A	M	W	R	N	F	L	O	E	E	S	Z	O
Ü	U	S	P	K	Ä	M	I	L	R	Q	P	Ä	N
S	P	B	L	Ä	T	T	E	R	U	H	I	M	I
T	E	I	I	F	Z	R	G	W	L	K	N	N	G
S	C	H	M	E	T	T	E	R	L	I	N	G	T
L	Ä	Ü	E	R	S	A	L	U	A	G	E	P	A
E	T	M	O	N	B	E	E	R	E	N	N	I	U

2. Ameisen sind Allesfresser. Zur pflanzlichen Nahrung gehören Samen, **Blätter** und **Beeren**. (…) Allein oder zu mehreren überwältigen sie einen krabbelnden **Käfer**, eine kriechende **Raupe** oder eine springende **Heuschrecke**. Die Arbeiterinnen fangen unvorsichtige **Spinnen** außerhalb ihres Netzes. (…) Das kann ein bunter **Schmetterling** oder eine dicke schwarze **Fliege** sein, die ihnen lebend davonfliegen würden. (…) Die Lieblingsspeise der Ameisen ist der **Honigtau**. (…)

3. Sie ziehen es hinein.
   Sie tragen es hinein.

KV Seite 16

2. Ameisen schlecken am liebsten süßen Pflanzensaft, … den die Blattläuse am Hinterteil ausscheiden.

   Blattläuse saugen mehr Zuckersaft aus den Pflanzen, … als sie für sich benötigen.

   Die Ameise betrillert die Blattlaus, … damit sie ihr einen Tropfen Honigtau abgibt.

   Ameisen mögen Honigtau so sehr, … dass sie die Blattläuse vor Fressfeinden schützen.

KV Seite 17

2. Wenn Blattlaus und Ameise sich gegenseitig helfen, nennt man das **SYMBIOSE**.

KV Seite 18

2.

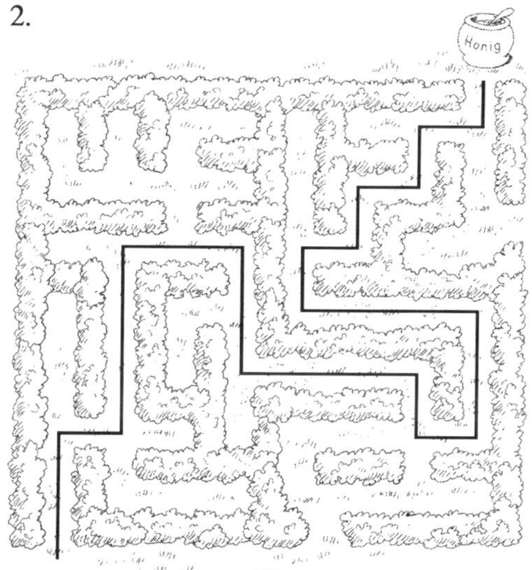

KV Seite 19

2. Ameisen geben Informationen mit ihren **FÜHLERN** weiter.
3. Geruchssinn, Tastsinn, Geschmackssinn

KV Seite 20

Ameisen erkennen einander am **Geruch**. (…) Nähert sich ein **Feind**, verrät er sich schnell durch seinen fremden Duft und wird vertrieben. Riecht die andere Ameise aber vertraut, darf sie in das **Nest**. Den Geruch selbst stellen die Tiere mit ihren **Fühlern** fest. Treffen sich zwei Ameisen, nehmen sie den Duft der anderen auf, indem sie sich mit den Antennen **betrillern**. Trotzdem kommt es vor, dass Feinde ins Nest gelangen, um dort die Eier und **Larven** zu fressen. Das gelingt mit einer **List**. (…). Die Raupen lassen sich dort umsorgen und **verspeisen** in dieser Zeit in aller Seelenruhe die Nachkommen des Ameisenvolks. (…) Die **Käferlarve** ernährt sich von den Abfällen der Ameisen und sorgt mit einem weiteren Trick dafür, dass sie selbst in Ruhe gelassen wird. Sie kleckert sich ihren Kot auf den Körper und schon nehmen die **Ameisen** Abstand.

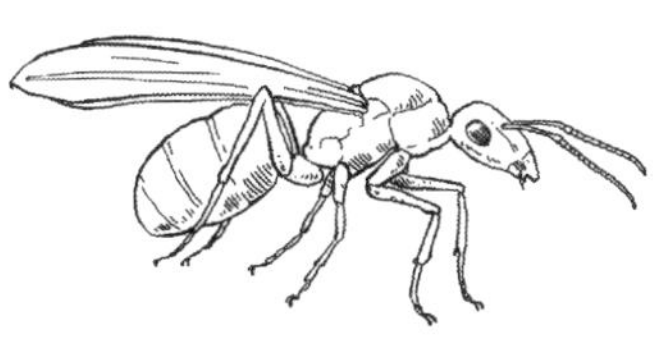

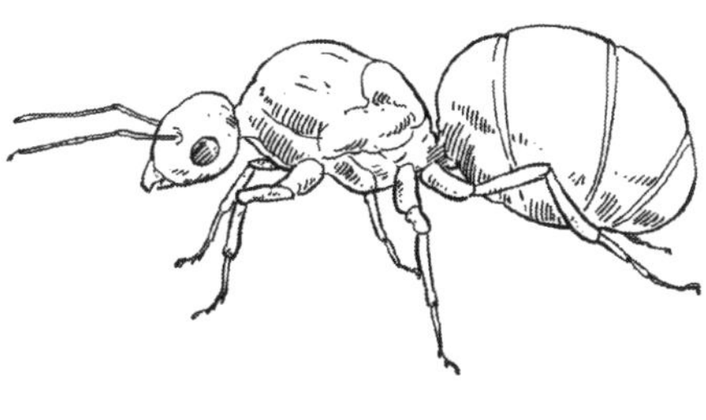

Lösungskarten

KV Seite 21

1. Ameisen erkennen einander am [Geruch / ~~Verhalten~~ / ~~Aussehen~~]. (…) Nähert sich ein [~~Freund~~ / Feind / ~~Mitbewohner~~], verrät er sich schnell durch seinen fremden Duft und wird vertrieben. Riecht die andere Ameise aber [~~streng~~ / ~~gut~~ / vertraut], darf sie in das [Nest / ~~Haus~~ / ~~Gebäude~~]. Den Geruch selbst stellen die Insekten mit ihren [~~Füßen~~ / Antennen / ~~Nasen~~] fest. (…) Trotzdem kommt es vor, dass Feinde ins Nest gelangen und dort die [Eier / ~~Blätter~~ / ~~Vorräte~~] und die Larven fressen. Das gelingt ihnen mit einer [~~Aufführung~~ / List / ~~Belohnung~~]. Die Raupen des Bläulings, eines Schmetterlings, [~~schmecken~~ / riechen / ~~klingen~~] zum Beispiel für Ameisen so gut, dass die [Arbeiterinnen / ~~Königinnen~~ / ~~Wächterinnen~~] die Raupen bereitwillig ins Nest schleppen. Die Raupen lassen sich dort umsorgen und verspeisen in dieser Zeit in aller Ruhe die [~~Enkel~~ / Nachkommen / ~~Vorfahren~~] des Ameisenvolks. (…) Er wird von den Ameisen als [~~Junges~~ / ~~Baby~~ / Ei] in den Bau getragen und entwickelt sich dort zur Larve. Die Käferlarve ernährt sich von den Abfällen der Ameisen und sorgt mit einem [~~Tick~~ / Trick / ~~Ton~~] dafür, dass sie selbst in Ruhe gelassen wird. Sie kleckert sich nämlich den eigenen Kot auf ihren Körper und schon nehmen die [~~Asseln~~ / Ameisen / ~~Ameisenbären~~] Abstand.

2. **A** Sie erkennen Ameisen aus ihrem Bau am gleichen Geruch.
   B Sie riecht so gut, dass die Ameisen sie freiwillig hineintragen.

KV Seite 22

1 = A und F
2 = D und G
3 = B und H
4 = C und E

KV Seite 23

2.

		1.↓		4.↓				5.↓	
2.→	S	P	I	N	N	E		A	
		U						M	
		P						S	
		P						E	
3.→	W	E	N	D	E	H	A	L	S
		N		A					
				C					
				H					
6.→ G	R	Ü	N	S	P	E	C	H	T

3. *Lösungswort:* MENSCH

KV Seite 24

2. **1** Zuerst baue ich einen Trichter in den lockeren Sand. Die Wände müssen steil und rutschig sein.
   2 Ich verstecke mich am Grund meines fertigen Trichters und warte dort auf meine Beute.
   3 Krabbelt eine unvorsichtige Ameise über den Trichter, schleudere ich Sand auf sie.
   4 Die Ameise kann sich dann nicht mehr auf dem nachrutschenden Sand halten und stürzt ab.
   5 Sobald sie am Boden des Trichters ankommt, packe ich die Ameise mit meinen Zangen, lähme sie mit Gift und fresse sie.

3. **A** Eine Insektenlarve.
   B Sie ist trichterförmig.

KV Seite 25

2. Der Ameisenlöwe ist kein Säugetier, sondern **eine Insektenlarve**.
   Nach seiner Verwandlung sieht er aus **wie eine Libelle**.
   Als Larve frisst er **Ameisen**.
   Um seine Beute zu fangen, **gräbt er einen Trichter mit steilen Wänden in den Sand**.
   Läuft eine Ameise über den Rand, **gerät sie ins Rutschen und der Ameisenlöwe schleudert Sand auf sie**.
   Landet die Ameise am Boden des Trichters, **packt der Ameisenlöwe sie mit seinen Zangen, betäubt sie mit Gift und frisst sie**.
3. Wenn man mit dem Halm über den Trichterrand streicht, wirft der Ameisenlöwe mit Sand, weil er glaubt, eine Ameise laufe über seine Falle.

KV Seite 26

2. stimmt: **A, D, F**
   stimmt nicht: **B, C, E**
3. z. B.

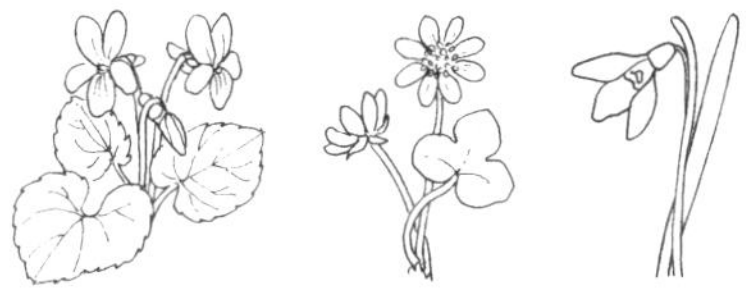

KV Seite 27

2. stimmt: **A, D, E, F, G, I**
   stimmt nicht: **B, C, H**
3. *individuelle Antwort*

KV Seite 28

2. **A** Die Rossameise.
   B Die Rote Waldameise.
   C Die Blattschneiderameise.
   D Rotgelbe Knotenameise.

KV Seite 29

2. **A** Die Rossameise, auch Holzameise genannt.
   B Sie befreien den Wald von toten Tieren.
   C Von einem Pilz.
   D Mit ihrem Giftstachel.

KV Seite 30

1. Biene, Wespe, Hummel
2. Sie können **fliegen**.
   Sie leben in großen **Staaten**.
   Sie umsorgen ihre **Brut**.

KV Seite 31

2. z. B. Sie sind Hautflügler.
   Sie leben in großen Staaten mit klar verteilten Aufgaben.
3. Biene: Bienen ziehen ihre Brut in Wachswaben auf.
   Wespe: Wespennester sind leicht wie Papier.
   Hummel: Hummeln bauen ihr Nest gern in einem Mauseloch oder Steinhaufen.
4. Diese Insekten lassen sich im Sommer am besten beobachten.

KV Seite 32

K Nähert sich der Winter (...)
A Die Königin beginnt (...)
M An einem sonnigen Tag im Mai (...)
M Nach dem Hochzeitsflug (...)
E Werden die Tage kürzer (...)
R Ab dem Spätherbst (...)

KV Seite 33

2. März – April: erwachen, Nest aufwärmen, Futter suchen, Eier legen, Larven versorgen
   Mai – Juni: zum Hochzeitsflug ausschwärmen, sich paaren, neuen Staat gründen
   Juli – September: Eier legen, Nachwuchs aufziehen, Futter suchen
   Oktober – November: Nahrung im Körper speichern, Nest gegen Feuchtigkeit abdichten
   Dezember – Februar: Winterruhe halten

KV Seite 34

Frage 1 – Antwort D | Frage 2 – Antwort E
Frage 3 – Antwort A | Frage 4 – Antwort F
Frage 5 – Antwort C | Frage 6 – Antwort B

KV Seite 35

Frage 1 – Antwort J | Frage 2 – Antwort E
Frage 3 – Antwort L | Frage 4 – Antwort B
Frage 5 – Antwort K | Frage 6 – Antwort D
Frage 7 – Antwort I | Frage 8 – Antwort F
Frage 9 – Antwort H | Frage 10 – Antwort G
Frage 11 – Antwort A | Frage 12 – Antwort C

KV Seite 36

individuelle Antworten

Lösungskarten

KV Seite 37

1. *individuelle Antwort*
2. *individuelle Antwort*
3. Zuckerkrümel: Eine Ameise entdeckt den Zucker und trägt einen Krümel weg. Bald kommen andere Ameisen und bringen die gefundene Nahrung ins Nest.

   Kiefernnadeln: Die Ameisen tragen die Kiefernnadeln zur Seite. So machen sie den Weg frei, statt um das Hindernis herumzulaufen.
4. *individuelle Lösung*

KV Seite 38

1. Ameisenlöwe, Silberameise, Ameisenhaufen, Ameisennest, Ameisenstaat, Rossameise, Ameisenkönigin, Ameisenstraße, Waldameise, Ameisengift
2. z. B. Die schnellste Ameise heißt Silberameise.

   Ameisen bauen riesige Ameisenhaufen mit vielen Gängen.

   Die Ameisenkönigin legt den ganzen Tag Eier.
3. *individuelle Lösung*

KV Seite 39

1.

Ameise-	-ameise
Ameisenlöwe	Holzameise
Ameisenhaufen	Silberameise
Ameisennest	Gartenameise
Ameisenstaat	Rossameise
Ameisenkönigin	Knotenameise
Ameisenstraße	Waldameise
Ameisengift	Blattschneiderameise

2. z. B. Ameisen bauen riesige Ameisenhaufen mit vielen Gängen.

   Die Ameisenkönigin legt den ganzen Tag Eier.

   Auf einer Ameisenstraße gibt es niemals Stau.

   Die schnellste Ameise heißt Silberameise.

   Die Blattschneiderameise ernährt sich von einem Pilz.

KV Seite 40

2. Der Satz bedeutet, dass ich jemandem einen Gefallen tue, der mir vorher auch geholfen hat. Die Taube hilft der Ameise und im Gegenzug rettet die Ameise der Taube das Leben.
3. Die beiden wichtigsten zu zeichnenden Szenen sind die Rettung der Ameise und die Rettung der Taube.

KV Seite 41

2. Eine Hand wäscht die andere.
3. Dieses Sprichwort bedeutet, dass ich jemandem einen Gefallen tue, der mir vorher auch geholfen hat. Die Taube ist der Ameise in ihrer Not zu Hilfe gekommen und im Gegenzug rettet die Ameise der Taube das Leben.
4. *individuelle Antwort*

KV Seite 42

individuelle Antworten

KV Seite 43

2. **A** Ein Stadtbezirk in Hamburg.

   B Chaussee bedeutet gut ausgebaute Landstraße.

   C Deutschland ist ca. 14 500 Kilometer von Australien entfernt.
3. Die beiden Ameisen müssen, um nach Australien zu gelangen, den Ozean überqueren. Außerdem kommen sie durch Regionen, in denen es viel wärmer ist als in Deutschland.
4. *individuelle Antwort*